丛书编委会

杜光庭

张勇 著

大家精要

陕西师范大学出版总社

图书代号 SK16N1035

图书在版编目（CIP）数据

杜光庭 / 张勇著. —西安：陕西师范大学出版总社
有限公司，2017.1（2024.1重印）
（大家精要）
ISBN 978-7-5613-8827-3

Ⅰ.①杜…　Ⅱ.①张…　Ⅲ.①杜光庭（850—
933）—传记　Ⅳ.①B959.92

中国版本图书馆CIP数据核字（2016）第321630号

杜光庭　DU GUANGTING

张　勇　著

责任编辑	郑若萍	
责任校对	马凤霞	
特约编辑	仲济云	
封面设计	张潇伊	
出版发行	陕西师范大学出版总社	
	（西安市长安南路199号　邮编 710062）	
网　　址	http://www.snupg.com	
印　　制	永清县晔盛亚胶印有限公司	
开　　本	650 mm×930 mm　1/16	
印　　张	10	
字　　数	100千	
版　　次	2017年1月第1版	
印　　次	2024年1月第2次印刷	
书　　号	ISBN 978-7-5613-8827-3	
定　　价	45.00元	

读者购书、书店添货或发现印刷装订问题，请与本公司销售部联系、调换。
电话：（029）85303879　　传真：（029）85307864　85303629

目　录

楔　子

　　显庆三年（658）初春的一天，唐高宗李治端坐在合璧宫的龙椅之上，聚精会神地听着立于阶下两旁的和尚与道士的激烈辩论。在唐代，这种活动称为"三教论衡"。

　　佛教自从两汉之际踏入中土的那天起，就与中国本土的儒、道两教在思想、信仰、礼仪、习惯等方面存在很大差异。三教之间经常在教义的优劣、学说的高下等问题上产生激烈争论。"三教论衡"的目的就在于辨别儒、佛、道三教，尤其是佛教与道教之间的优劣。

　　从高祖武德七年（624）开始，每逢重大节日或皇帝的生日，都要举行"三教论衡"。这种活动一般安排在宫廷，有时由皇帝亲自主持。一般情况下，儒、佛、道三教都派代表参加，有时只有佛、道两教的代表参加，经过激烈的辩论，最后要排出一个高低顺序。

　　这年的辩论，只有佛、道两教的代表参加。佛教一方的代表是高僧惠立，道教一方的代表是当时的掌门人李荣。李荣道行高深，口才极好，性格诙谐，诗才横溢，是当时道门之中对佛教最具杀伤力的辩手，被称为"老宗魁首"。有例为证：总章年间（668～670），长安兴善寺被大火焚毁，李荣当即口占一绝："道善何曾善，云兴遂不兴。如来烧亦尽，唯有一群僧。"巧妙利用寺名中的"兴""善"两字，对佛教进行嘲讽，由此可见他的才思敏捷。

辩论正在激烈地进行。此时已是深夜，整个合璧宫灯火通明，主持人高宗仍是兴趣盎然。

"现在由道教一方立义"，高宗说。"立义"，是指正方陈述自己的基本观点，与之相对的一个词叫"难问"，意思是指反方发难、诘问。

李荣引用《老子》中的话来立义："道生万物。"

惠立发难说："不知此道是有知还是无知？"

李荣说："人法地，地法天，天法道，既为天地之法，怎能说道是'无知'的呢？"

惠立反驳说："既然道是有知的，那么他就应该只生善人，他为什么还要生恶人呢？既然道有知，他就应该早生当今的圣明天子，使其与民同乐，他为什么偏要生桀、纣、幽、厉等暴君，使其残害百姓呢？看来，道是不辨善恶的，是无知的，既然无知，他又怎么能生万物，怎能成为天地万物效法的榜样呢？"

李荣无言以对。闪烁的烛光掩不住他那赧红的脸。尽管此时只是早春天气，但他感觉全身都浸泡在汗水里，又感觉通体冰凉，寒战不止。

"下面，我宣布：佛教胜利。"高宗声音虽然不大，但对李荣来说，简直如万钧雷霆。他不敢抬头看每一个人，感觉每个人的眼光都盯着他，像利剑一样。

回到道观，李荣在床上辗转反侧，难以入眠。问题出在哪？若论个人才华与辩论技巧，自己肯定在惠立之上，但为什么输得这样惨呢？

天已经蒙蒙亮了，沉闷的钟声打破了山林道观的寂静，也打破了李荣心中的谜团。自唐高祖时期以来，道教与佛教的论辩，大都是以道教的失败而告终的，症结不在于道士论辩技巧的拙劣，而在于道教自身理论体系的矛盾，这是道教的软肋！

如何完善道教理论体系，使之能与佛教相抗衡呢？李荣像他的历代祖师一样，一筹莫展。他在心底呼唤太上老君，祈求老君赐予能够拯救道门子孙的方法。

两百年后，一个拯救道门的伟大生命终于诞生了，他就是被公认为"道门领袖"的杜光庭！

第 1 章

少年杜光庭

杜光庭，字宾圣，又作"宾至"或"圣宾"，晚年自号登瀛子。

唐宣宗大中四年（850），杜光庭出生于处州缙云（今属浙江省）的一个世代书香家庭。父亲为他取名"光庭"，是取《史记·天官书》"三光之廷"之意，希望他长大以后能光耀杜氏门庭。杜光庭二十多岁出家为道，虽没像一般文人那样通过科考走上仕途而成为达官贵人，却以其卓越的才华，为道教的发展作出了杰出贡献，从另一方面实现了父亲光耀杜氏门庭的愿望。

一、宗庙中宝玉大圭

杜光庭自幼勤奋好学，博览群书，经、史、子、集无所不读，尤其喜欢天文、神仙方面的书籍，这为他以后出家修道打下了坚实的基础。

与一般孩子由学堂老师生硬灌输知识不同，杜光庭有他独家发明的学习方法。他把每月时间分为六个单元，每单元五天。第一天诵读儒家经书，第二天浏览子书与史书，第三天写诗作文，第四天撰写神仙故事，第五天旅游休息、怡养情志。这样，劳逸结合，张弛有度，循环往复，周而复始，不到五年时间，他学业大进，经籍烂熟于心。

少年杜光庭具有与众不同的性格特征。史书《十国春秋》说他"为人性简而气清，量宽而识远"。大中十年（856）春夏之交，年方七岁的杜光庭与年逾不惑的著名诗人方干结为忘年之交。

方干（809~888），字雄飞，门人私谥"玄英先生"。方干年轻时特别喜欢吟诗作赋。一日因偶得佳句，欢呼雀跃，而不慎跌破嘴唇，被人戏称为"缺唇先生"。方干虽才华横溢，诗名卓著，但因有唇缺之病，相貌不整，科场之上屡试不中，一气之下，来到缙云镜湖，整日划着一叶扁舟，吟诗作赋，把酒垂钓，过着一船明月一船诗的隐士生活。诗《山中》正是他隐居生活的真实写照：

> 散拙亦自遂，粗将猿鸟同。
>
> 飞泉高泻月，独树迥含风。
>
> 果落盘盂上，云生箧笥中。
>
> 未甘明圣日，终作钓渔翁。

杜光庭经常在休息日找方干聊天。方干见他骨格清奇，聪颖过人，谈吐不凡，落落大方，不禁感叹说："此宗庙中宝玉大圭也。""宗庙"，原为天子、诸侯祭祀祖先的地方，后来引伸为"王室""国家"的代称。"圭"，古代的一种玉器，贵族朝聘、祭祀时常用作礼器。方干称赞杜光庭为"宗庙中宝玉大圭"，意思是说，这个少年长大后定能成为国家的栋梁。

方干虽然隐于僻壤，但经常有名僧、名士造访。喻凫、贾岛、无可、贯休等都是他的座上客。可谓"谈笑有鸿儒，往来无白丁"。他们在一起谈禅论道，切磋诗艺，琴棋书画，无所不通。诗僧贯休在《春晚访镜湖方干》中说：

幽居湖北滨，相访值残春。

路远诸峰雨，时多揭鳌人。

蒸花初酿酒，渔艇劣容身。

莫讶频来此，伊余亦隐沦。

自从在方干处结识了这些高雅之士，杜光庭在诗歌、书法方面的造诣与日俱增。后来，杜光庭入蜀，与贯休一起辅佐蜀主王建，两人结下了深厚的友谊。

方干很喜欢道教，经常与道士往来，去道观听道教音乐，这从他的《夜听步虚》诗可以看出：

寂寂永宫里，天师朝礼声。

步虚闻一曲，浑欲到三清。

瑞草秋风起，仙阶夜月明。

多年远尘意，此地欲铺平。

可以说，少年杜光庭对道教的浓厚兴趣在很大程度上受到了方干的影响。

少年杜光庭虽然在一定程度上受到道教的影响，但在他幼小的心目中儒家积极用世的思想仍是主要的。目睹兵荒马乱、民不聊生的社会现实，他渴望长大后能建功立业，救民于水火。他曾作诗说：

兵气此时来世上，文星今日到人间。

降因天下思姚宋，出为儒门继孔颜。

烽火连天，生灵涂炭。杜光庭自认为文曲星下凡，降临人间的目的：一是希望能像贤相姚崇、宋璟那样成就经国安邦的宏伟大业；二是传承儒家道统，弘扬儒家文化。

二、科场失利

唐懿宗咸通十一年（870），二十一岁的杜光庭怀抱着强烈的入世热忱来到京城长安，满怀信心地参加"九经举"。

唐代科举考试，以"九经"取士。"九经"是指儒家的九部经典，即《周易》《诗经》《尚书》《周礼》《仪礼》《礼记》《左传》《公羊传》《穀梁传》，这九部经典是唐代学校的教材，也是科举考试出题的主要依据。

"九经举"属于明经科，每年春季在京城举行，由礼部主持。整个考试分为三场：第一场贴文，第二场口试，第三场策文。

所谓贴文，就是从"九经"中的每一经抽出十句话，然后把这九十句话分别抄在九十张字条上，每张字条称为一贴，每贴都用纸粘盖住三个字，应试者填出这三个字即为答对，这近似于今天的填空题。口试是口头回答考官提出的问题，问题也出自"九经"，共十道。口试虽说是"经义答问"，而考查的仍是应试者对于经书及注疏的背诵功夫。第三场策文，名义上是时务策问，但实际上对明经考试来说只是一个过场，考试结果主要取决于前面两场考试的成绩。

有人评价明经考试是"以帖诵为功，罕穷旨趣"，也就是死记硬背儒家经典，而不理解其思想意义。《册府元龟》记载，文宗开成四年闰正月，上谓宰相曰："明经会经义否？"宰相曰："明经只念注疏，不会经义。"上曰："只念注疏，何异鹦鹉学舌。"可见，明经科考查的只是死记硬背的功夫，应试者如鹦鹉学舌，虽皓首穷经，却百无一用。

这种僵化的考试制度，根本无法选拔出真正的有识之士。中唐古文家柳冕曾批评说："清识之士无由而进，腐儒之生比肩登第。"金榜题名的大都是那些只会鹦鹉学舌的迂腐之儒，很多有识之士却名落孙山。

　　这一命运同样降临在杜光庭身上。自幼饱读诗书的杜光庭，对这种考试方法十分反感，答题时也是心不在焉，结果就可想而知了。"九经科"的失利，不但没有使杜光庭垂头丧气，反而使他感到些许庆幸，毕竟他没有与那些迂腐之儒同流合污。

　　在唐代，除了进士科、明经科这些定期举行的"常科"之外，还有不定期举行的"制科"，如"万言科""百篇科"等。"万言科"与"百篇科"，名字不同，实质上没有什么区别，都是要求考生在一日之内写一百篇左右诗赋。这种考试一般是临时举行，考生由各藩镇举荐，考试由礼部主持，有时皇上也会亲自出题。

　　"万言科"或"百篇科"考试的内容仅限于吟诗作赋，这对那些文思敏捷之士来说是极为有利的。《唐才子传·李绅传》记载，李绅做寿州刺史的时候，当地有一名叫郁浑的秀才，年方二十，准备应"百篇科"，求李绅推荐。李绅出题试试他，结果未到黄昏一百篇诗歌就完成了，而且警句佳意甚多。《中吴纪闻·孙百篇》也记载，唐代吴地有位叫孙发的人，由"百篇科"而登第。他的好友大诗人皮日休以诗相赠说："百篇宫体喧金屋，一日官衔下玉除。"陆龟蒙也赠诗说："直应天授与诗情，百咏唯消一日成。"可见在唐代，"万言科"或"百篇科"对那些文思敏捷的才子还是很有吸引力的。

　　极富诗才的杜光庭对"万言科"也是情有独钟。他在诗歌创作方面颇为自负，认为自己考中的把握很大。春天"九经科"失利，当年的秋天杜光庭就报名参加了"万言科"。

考试那天，杜光庭成竹在胸，挥动如椽之笔，洋洋洒洒，一气写下万言，一点都没有涂抹、修改，宛若有神仙在暗中帮助。未及黄昏，试卷已交，杜光庭如释重负，心中燃亮希望之灯。接下来的几天，他一边尽情游览长安的风景名胜，一边等待考试的结果。

杜光庭哪承想到，冥冥之中上天正在跟他开着一个恶意的玩笑，让他的希望因一个叫王璘的同科考生而再次成为泡影。

据《唐摭言·荐举不捷》记载，王璘，长沙人，天生具有诗歌创作的才能，不但文如泉涌，日书万言，而且文辞华美，意境警奇。地方官崔詹写奏章向朝廷举荐他，朝廷命令先在使院考核。

考核那天，王璘请来十名写手，备好笔墨纸砚，自己口授，让他们笔录。王璘袖着手，踱着方步，神态自若，出口成章。首题《黄河赋》瞬间完成，《鸟散余花落》二十首也一挥而就。十名写手走笔如飞，忙个不停。

这时，风雨大作，已经完成的数首诗被狂风卷起，落入污泥之中。写手们慌忙去捡，王璘说："不要捡了，给我拿纸笔来。"只见他大笔一挥，十余首诗一气呵成，没有半点涂抹。成语"一挥而就"从此诞生。

没到中午，王璘已经写了七千余字。这时，崔詹对考官说："日写万言，对王璘来说不在话下，我看今日就不必再写了。《黄河赋》中有一百多个生僻字，一般人肯定不认识，不如请王璘给大家朗读一遍。"王璘当众朗读，扬扬自得，旁若无人。考官当场宣布：初试通过！

王璘带着书童、奴仆星夜赶往京城。到了京城，王璘得知今年的"万言科"由丞相路岩主考。恃才放旷的王璘，没有像一般应试者那样主动去拜谒主考官。路岩对王璘的才华早有耳闻，虽然对他的傲慢无礼心存不满，但没有表现出来，反而差人召见王璘，以示对他的关心与照顾，想让王璘对他心存感激，日后登第能成为他党羽中的一员。谁知王璘不但不领情，反而对差人说："回去告诉你家主人，等我见到皇帝后再去见他。"路岩听后大怒，立即上奏唐懿宗，编造种种理由，废止当年的"万言科"。心不在焉的唐懿宗稀里糊涂地批准了路岩的奏折。

断绝了进仕的门径，王璘从此借酒浇愁，放浪形骸之外。他的自高自大不但害了自己，也连累了杜光庭。

信心满怀的杜光庭，正着急地等待着中榜的好消息，哪里知道等来的却是取消当年"万言科"考试成绩的通知。杜光庭再次失去了进仕的机会，从此对科举考试完全失去了兴趣。阴差阳错，世间少了一名廉吏，但多了一名高道。

三、拜谒潘尊师

再次失利的杜光庭，陷入了深深的矛盾之中。第一次失败，没有给他多大的打击，因为他本身就厌恶这无聊的"九经举"。但第二次失败彻底粉碎了他的进仕之心。难道真的就这样放弃科考了吗？如果放弃的话，治国安邦的远大理想如何实现呢？就在这进退维谷之际，他想起了一个人——长安道士潘尊师。

潘尊师道术高妙，是长安城中家喻户晓的道士，深受唐懿宗的礼遇，经常进入皇宫，为皇室讲道。杜光庭在家乡的时候就听说过潘尊师，久慕其大名，能得以相见，心情分外激动。

杜光庭向潘尊师叙述了自己两次考试失利的经过，对科考只重背诵儒经注疏而不重实际才能表示不满，对当时政界的黑暗也多批评之词。潘尊师十分欣赏眼前这位年轻人的才华，对他的不幸深表同情，又告诉他人生价值的实现并非科举一途。

　　杜光庭这才开始仔细打量这位得道高人：银发飘飘，双目炯炯，从容淡定，莫测高深。不知不觉间，杜光庭被他那飘逸洒脱的风姿深深地吸引住了。潘尊师的话如空谷清响，又如玉液琼浆，令他心神荡漾，如痴如醉，科考失利的阴霾与满腹的怨言一扫而光。

　　杜光庭在长安待了一两个月，游遍了那里的大小道观。其间，又多次拜访潘尊师，聆听他讲道授法，获益良多。此时的杜光庭已经深深地喜欢上了道教。

　　潘尊师不但向他讲述了一些道教理论，而且对道教理论体系的内在矛盾表示深深的忧虑，希望能有更多的有志青年致力于道教理论建设。杜光庭听在耳，记在心，舍我其谁的豪情涌上心头，又顿时感觉肩头的担子沉甸甸的。少年时期就已经埋下的道教种子终于萌发了。于是他作出果断的决定——出家为道。潘尊师见他主意已定，建议他回家乡，到天台山投师。

　　第二天，杜光庭辞别潘尊师，直奔天台山。

第 2 章

天台入道

一、天台山道教

天台山位于浙江东部，主峰华顶在今天台县内。天台山海拔一千多米，奇峰怪石林立，山腰有无数洞穴，蜿蜒曲折，深不可测，洞口有飞瀑流泉，宛若天然幕帘。远望天台，白云缭绕，清幽无比。许多文人墨客慕名而来，在这里流连忘返，留下不朽的诗篇。

李白《琼台》：

龙楼凤阙不肯住，飞腾直欲天台去。

碧玉连环八面山，山中亦有行人路。

青衣约我游琼台，琪木花芳九叶开。

天风飘香不点地，千片万片绝尘埃。

我来正当重九后，笑把烟霞俱抖擞。

明朝拂袖出紫微，壁上龙蛇空自走。

杜甫《观李固请司马弟山水图三首》之二：

方丈浑连水，天台总映云。

人间长见画，老去恨空闻。

范蠡舟偏小，王乔鹤不群。

此生随万物，何路出尘氛。

孟浩然《寻天台山》：

吾友太乙子，餐霞卧赤城。

欲寻华顶去，不惮恶溪名。

歇马凭云宿，扬帆截海行。

高高翠微里，遥见石梁横。

　　如此胜境，不仅吸引众多文人墨客来此吟诗作赋，而且吸引无数道士来此修炼真身。

　　三国时期的著名道士葛玄（164~244）曾在天台山流连经年，在华顶修炼金丹，成为天台山道教的开山祖师，他炼丹的遗址也成为道教的第六十福地。吴主孙权喜欢道术，曾召葛玄到建业问道，并为他在天台山建造道观，葛玄亲书观额"天台之观"四个大字，这是天台山最早的道观。南朝时，道教思想家顾欢来此开馆聚徒，受业弟子近百人。陶弘景（456~536）也曾居天台山多年，对天台道教理论产生了巨大影响。

　　入唐以后，大批知名道士相继入居天台山，天台道教进入鼎盛时期，并形成了以上清大法为核心的道法系统。最著名的代表人物当数陶弘景的四传弟子司马承祯。司马承祯（647~735），河南温县人，字子微，法号道隐。二十岁时，师事嵩山道士潘师正。后云游至天台山，被这里的清幽环境所吸引，遂隐修于玉霄峰，自号"白云道士"。司马承祯把天台山道教带入鼎盛时期，很多文人雅士慕名来访，与陈子昂、李白、孟浩然、宋之问、王维、贺知章、卢藏用、王适、毕构等著名诗人并称"仙踪十友"。

武则天、唐睿宗、唐玄宗先后四次征召司马承祯入京，问以阴阳术数及治国之道。司马承祯曾多次拒绝皇帝的挽留，执意回天台山修道。据《旧唐书》记载，卢藏用为了劝说司马承祯留在京城，特意邀请他游京城附近的终南山，趁机开导说："此中大有佳处，何必天台？"没想到，司马承祯却以讥讽的口吻答道："以仆所观，乃仕宦之捷径耳！"卢藏用一时语塞，羞得面红耳赤。司马承祯的意思很明白，终南山只是通达仕途的捷径，而天台山才是远离世俗名利的真正修行场所。"终南捷径"这条成语由此而生。

关于司马承祯对天台山道教的贡献，孙亦平先生总结说："司马承祯继承天台山道教的传统又融会儒、佛、道三教义旨，撰写了《坐忘论》《修真秘旨》等道书，将老庄清静无为之道转化为具体可操作的身心修炼之术，不仅开创了天台山道教的新道风，而且促进了道教仙学宗旨由肉体长存向性命双修的转化。"司马承祯的这一思想对杜光庭产生了重要影响。景云二年（711），唐睿宗下旨在天台山修建桐柏观作为司马承祯的修道之所。后来几经扩建，桐柏观于五代后梁开平年间（907~911）升格为桐柏宫，并最终成为道教南宗的祖庭。

司马承祯晚年传道于薛季昌。薛季昌（？~759），河东（今山西省境内）人。虽家世显贵，但不恋荣华，舍官入道，拜司马承祯为师，传承上清道法。唐玄宗李隆基曾多次召他入宫请教，礼遇甚厚，称其为"道兄"，并封为天师。为了方便请教，玄宗要把他留在京师，但他婉言谢绝。玄宗写《送道士薛季昌归山》诗并序，以表达自己的惋惜之情，诗云：

> 洞府修真客，衡阳念旧居。
> 将成金阙要，愿奉玉清书。

> 云路三天近，松溪万籁虚。
> 犹期传秘诀，来往候仙舆。

薛季昌传于田虚应，田虚应传于冯惟良，冯惟良传于应夷节。应夷节就是杜光庭的直接授业老师。

应夷节（810～894），字适中，汝南（今河南上蔡）人。七岁学道，熟诵《南华》《冲虚》《通灵》等道经，十三岁入道士籍，十五岁入天台山，师事冯惟良，受上清经箓与正一法箓。会昌三年（843），应夷节在桐柏观西南的翠屏岩建坛传道，唐武宗赐名"道元院"。应夷节在此息心修道五十余年，道术高深莫测，吴越之人愿为弟子者不知其数。公卿大夫奏闻皇上，诏赐"上清大洞道元先生"称号。

杜光庭之所以能投师应夷节，是因为刘处静的介绍。刘处静（801～873），名介，字处静，又字道游，自号"天台山耕人"。刘处静与应夷节同为司马承祯四传弟子，刘的师傅陈寰言与应的师傅冯惟良是同门师兄弟，都受业于田虚应。大约咸通初年（860），刘处静退居仙都山隐真岩妙庭观，在那里修炼、授徒。

二、投师应夷节

咸通十一年，杜光庭辞别潘尊师，离开京城长安，年底回到缙云老家。待在家里的那段时间，杜光庭主要做了两件事：一是闭门读书，二是求仙访道。

咸通十二年，春天悄悄来临，冰雪消融，万物复苏，杜光庭也迎来了自己心里的春天。一个念头突然萌发了：去仙都峰看看。那是他儿时经常玩耍的地方，那里的一山一石、一草一木都是那样熟悉，为什么今天又突然产生重游的冲动？是神仙的暗示，还是春意的怂恿？此时的心情，杜光庭自己也说不清楚。

仙都山位于缙云东部，由大大小小无数个奇峰组成，这些山峰分布在一条悠长的小溪两岸，形状各异，姿态万千。有的似长裙拖地、亭亭玉立的少女，有的似粗布短褐、佝偻僵坐的老妪，有的如仙人立谈，有的如高道对弈，真是惟妙惟肖，巧夺天工！溪水西侧有一座山峰，状如春笋，拔地而起，直插云霄。峰顶竟有一泓清澈见底的小湖，湖的四周苍松翠柏遮天蔽日。这湖叫鼎湖，这峰叫鼎湖峰。相传，轩辕黄帝曾在峰顶置炉炼丹。丹炼成后，黄帝跨赤龙升天，丹鼎坠落而积水成湖，故名鼎湖。白居易有诗说："黄帝旌旗去不回，片云孤石独崔嵬。有时风激鼎湖浪，散作晴天雨点来。"

杜光庭被这人间仙境深深地吸引住了。奇怪！自己以前游仙都峰的时候怎么就没有这种感觉呢？仙都峰是道教三十六小洞天之一，难道此时的自己真的接近仙家境界了吗？

不知不觉间杜光庭来到了一个山洞前。洞口不大，但很幽深，上面不时有水珠落下，汇入下面日积月累凝聚而成的小潭之中，清脆的响声打破这神秘的寂静，刹那变成了永恒。此刻，杜光庭诗兴大发，一首七律随口而出：

> 窅然灵岫五云深，落翮标名振古今。
> 芝术迎风香馥馥，松桎蔽日影森森。
> 从师只拟寻司马，访道终期谒奉林。
> 欲问空明奇胜处，地藏方石恰似金。

这首诗名为《题空明洞》，既有对仙都美景的描写，又有对道教的向往之情。"从师只拟寻司马"，表达了对以司马承祯为代表的上清道法的神往。

唐时的道教，根据所传经箓内容不同而有道品高下之分：上清派最高，主要在上层社会传播；正一派最低，主要在民间传播。司马承祯的四传弟子刘处静就在此山！想到此，杜光庭加快步伐，向隐真岩赶去。

到了隐真岩，在一名道士的引领下，杜光庭来到刘处静的静室。已经七十一岁的刘处静，身体显得十分虚弱。杜光庭说明来意后，刘处静说："我现在身体不好，已经不再收徒，你可以到翠屏岩去找我的同门好友应夷节。"杜光庭在刘处静那里住了一宿，两人谈至深夜。第二天一大早，杜光庭带着刘处静的一封书信直奔翠屏岩。

刚过耳顺之年的应夷节，身板硬朗，鹤发童颜，虽有些消瘦，但精神矍铄，讲起话来，声如洪钟，中气十足。杜光庭执过弟子礼，呈上刘处静的书信，应夷节爽快答应。第二天，举行了入道仪式，从此杜光庭正式加入道籍，成为应夷节的入室弟子，司马承祯的第五代传人。

应夷节对弟子们要求非常严格，也有他独特的教学方法。他经常对杜光庭及其他弟子说："吾以维持教法，不能灭迹匿端，虽道不违人，而勤行方至。然玉京金阙，泉曲酆都，相去几何。唯心所召，尔等勉之！"这段话可以说是应夷节的教学纲领，对杜光庭道教思想的形成产生了极其重要的影响。下面略作解释。

道教传说，元始天尊住在玉京山，山在天的中心，山上的宫殿都用金玉装饰而成。后来道教就用"玉京""金阙"代称天外仙境，指仙人或天帝居住的地方。"酆都""泉曲"都指道教的阴曹地府，如杜光庭《马尚书本命醮词》："光开泉曲之庭，诏下酆都之府。"

上段话意思是说："玉京""金阙"等天外仙境也好，"酆都""泉曲"等阴曹地府也好，都是人心之显现，因此，修道不是隐居深山不食人间烟火，而是努力在世间积功累德，只要立功不休，为善不倦，就可得道成仙，修道就是修心。

应夷节的这一教学方法，强调三点：一是神仙即人，二是修道即修心，三是要勤奋修行。这一教法对弟子影响极深，也成为道教界佳话。

名师的指点，过人的天赋，再加上自己的刻苦学习，杜光庭很快成为应夷节的上首弟子。

杜光庭入道天台山的第三年，即唐懿宗咸通十四年（873）六月二十八日，刘处静病逝，终年七十三岁。作为司马承祯的四传弟子，刘处静为上清派道教作出了巨大贡献，他的去世是当时道教界的一件大事，为他举办的斋醮法会也相当隆重。道众们诵经燃香，昼夜不绝。杜光庭目睹了这一盛大法会，从中学到了很多知识，同时他也看到当时斋醮科仪中存在的问题，下决心给予改革。

天台山道士的生活，就像鼎湖中的水，整日都是平静的。陈寡言曾写过两首《山居》诗，描写这种生活说：

> 照水冰如鉴，扫雪玉为尘。
> 何须问今古，便是上皇人。

> 醉卧茅堂不闭关，觉来开眼见青山。
> 松花落处宿猿在，麋鹿群群林际还。

这种平静的生活，给杜光庭提供了良好的学习环境。在天台山的日子，他几乎足不出户，整日在道元院内潜心阅读道经。

道元院有一座藏经楼，本是唐景云二年（711）睿宗皇帝为司马承祯建造桐柏观时设的藏经殿，所藏书籍主要是司马承祯整理的天台山历代道士遗留下来的道经，以及他自己的著作，这些道经后来被编成《桐柏山道藏》。这里是杜光庭经常光顾的地方。道元院还有一个藏经处，那就是玉霄宫钟楼。这里藏有杜光庭师叔叶藏质新编的《玉霄道藏》等大量道书。

在阅读的过程中，杜光庭发现许多道经内容驳杂，真伪难辨，于是下决心条列始末，考订真伪，这些工作为他日后编集《道藏》打下了坚实的基础。

三、应诏入京

唐代，道教是与皇权、政治紧紧联系在一起的。高祖李渊在夺取政权的过程中，曾利用道教符谶大造舆论，称帝后便确认道教教主太上老君为其先祖，大兴老君庙，祠祀老子。李渊还派使臣把太上老君像送往高丽，派道士前往高丽讲《老子》，扩大道教在国外的影响。太宗李世民在道士王远知、魏徵的帮助下登上王位，此后两人格外受到器重。高宗李治尊封老君为"太上玄元皇帝"，又以《老子》为"上经"，命令王公百僚都要学习，并令士子科举考试加试《老子》。为了提高道士的地位，高宗于仪凤三年（678）命令道士隶属宗正寺，这是一个专门管理皇室宗族事务的机构，这也就意味着把道士当作了自己的本家。

玄宗李隆基即位后，大力推行唐初以来的崇道政策，把道教的发展推向了又一个高峰。首先，他多次亲临"玄元皇帝"庙拜谒，不断提高老子封号，如"大圣祖玄元皇帝""圣祖大道玄元皇帝"等，竟达六个之多。他称老子为"大圣祖"，称高祖、太宗、高宗、中宗、睿宗五帝为"大圣皇帝"，还于天宝八年（749）在太清、太微两宫把开国以来这五位皇帝的像作为"玄元皇帝"的陪祀。玄宗一再诏令两京及诸州郡兴建玄元庙，并大肆制作"玄元皇帝"像发布天下。他还亲自导演了"玄元皇帝"降临的种种神话。

安史之乱后，处于顶峰的道教跌入低谷。道教经典遭受战火的焚烧，道教宫观福地也遭到破坏。但唐统治者崇道尊祖的既定政策并未改变。中唐以后道教又逐步恢复，到唐武宗时，又掀起一个崇道的高潮。

总之，从打天下到治天下，李唐王朝一刻也离不开道教。每当国家出现战争、灾难时，统治者都会更加崇奉道教，赐封道士，以求得圣祖的保佑。

咸通十四年（873）七月二十日，唐懿宗去世，十二岁的太子李儇即位，庙号僖宗。次年十一月改年号为乾符。唐僖宗自幼由宦官田令孜（？～893）照顾起居，对他有很深的感情，常以"阿父"称之。僖宗即位以后，便任命田令孜为神策军中尉，僖宗朝的重大决策权实际上由他掌控。

年幼的唐僖宗从其父皇那里继承的其实是一个烂摊子。懿宗时期的翰林学士刘允章曾在《直谏书》中用"国有九破"来描绘当时唐王朝的紧张局势："终年聚兵，一破也。蛮夷炽兴，二破也。权豪奢僭，三破也。大将不朝，四破也。广造佛寺，五破也。赂贿公行，六破也。长吏残暴，七破也。赋役不等，八破也。食禄人多，输税人少，九破也。""国有九破"，而民有"八苦"：徭役沉重，赋税繁多，冤不得理，屈不得申，冻无衣，饥无食，病无医，死无葬。僖宗继位以后，形势更加严峻。

唐僖宗生性爱玩，喜欢斗鸡、赌鹅、围棋、打马球，在这些方面他似乎有用之不竭的才能。他曾经自负地对身边的优伶石野猪说："朕若参加击球进士科考试，应该能中个头名状元。"石野猪不无讽刺地说："若是遇到尧舜这样的贤君做礼部侍郎主考的话，陛下未必就能考中。"

在当时国破民苦的形势下，唐僖宗想过几天逍遥的日子只能是一种奢望。

唐僖宗乾符二年，爆发了濮州（今河南濮阳东）人王仙芝、冤句（今山东曹县北）人黄巢领导的大起义。起义大军一路夺关取隘，势如破竹，所到之处，杀富济贫，深得民心，队伍迅速扩大，僖宗君臣束手无策，朝野上下一片混乱。

在这生死攸关的时刻，僖宗像他的列祖列宗一样，自然而然地想到了道教，他相信"大圣祖"会保佑他平平安安，于是日夜祠祀老君，并多次下诏赐封道士。

此时，杜光庭正在天台山道元院潜心读经，怎么也不会想到他的命运马上又要因一个叫郑畋的人而出现新的转折。

郑畋（823~882），字台文，河南荥阳人，会昌二年（842）进士及第。郑畋崇奉道教，与道士交往密切，《全唐文》中保留有他为道士写的碑铭。任地方官期间，郑畋经常慷慨解囊，增修道观。咸通年间（860~874），郑畋被贬为苍梧太守，在那里，他增修了白鹤观。杜光庭《道教灵验记》卷三也记载郑畋修缮宁州真宁县通圣观的事。一天晚上，郑畋梦见一位长髯飘胸的老神仙，第二天果然受命修缮通圣观，他相信这是神仙显灵。僖宗乾符元年（874），郑畋任兵部侍郎，第二年黄巢起义爆发。

为了更好地利用道教，僖宗准备赐封道士，郑畋趁机推荐杜光庭。此时，郑畋虽然还没有见过杜光庭，但对他的事迹却了如指掌，因为当时天台山道教极为繁盛，历代掌门人都大名鼎鼎，如雷贯耳，因此，杜光庭作为应夷节的上首弟子，不可能不受道教崇奉者的瞩目。郑畋向僖宗介绍了杜光庭的高深道术，高度评价了他的道教著作，赞扬他对道教所作的贡献。这番"美言"，令僖宗对杜光庭极为期待，立刻诏请进京。

就要离开生活了整整四年的天台山，杜光庭心中充满无限依恋。临行前，他把桐柏观、道元院等大小宫观看了又看，他想把这里的一切都装在心中，带在身边。站在桐柏观高高的台阶上，他俯视群峰：重峦叠嶂，郁郁葱葱；一条如练的瀑布，垂挂前川，望之似雪，听之如风。太美了！别了，天台的山！别了，天台的水！从此以后，采灵芝、观早潮、听鹤唳、闻鸡鸣，只能期待于梦中了。

应夷节率领众弟子把杜光庭送了一程又一程，直到他的背影越来越小，越来越模糊，最后从众人的视线中彻底消失。

杜光庭在天台山生活的时间并不算长，但这段经历对他来说却相当重要。在这里，他正式加入道籍，培养起对道教的真诚信仰；在这里，他接受了道教上清派重视理论建设的传统，为他日后重建道教理论体系打下了坚实的基础；在这里，他大量阅读了各个教派的典籍，对各派道法进行了深入的研究，并培养起了兼容并包的精神，这为他日后圆融各派教理奠定了基础，也为他融合儒、道、释三教思想埋下了种子；在这里，他整理了大量道经，为他日后编纂三千多卷的浩瀚巨著《三洞藏》作了一些必要的前期准备。他对天台山的感情太深了，甚至多年以后，他还自称"华顶羽人"。

乾宁元年（894）的一个黄昏，应夷节沐浴更衣，凝神入定，安然坐化，终年八十五岁。应夷节一生教了无数弟子，成就最高，最受他钟爱者还数杜光庭。

第 3 章

道门领袖

一、在长安

乾符二年（875），杜光庭来到京城，立刻觐见皇上。一番交谈以后，僖宗感觉杜光庭果然名不虚传，对他十分欣赏，于是赏赐紫服象简，册封"麟德殿文章应制"职务。

在中国古代，官员的服饰是其身份与地位的标志，不同品阶的官员应穿不同颜色与款式的官服。唐代礼制规定，三品以上官员的官服为紫色，五品以上为绯色（大红）。有时皇帝特批一些官品未达到的官员，准许他们穿紫服或绯服，以示恩宠，这叫"赐紫"或"赐绯"。同样，为了表彰某位僧人或道士对佛教或道教所作出的贡献，皇上也会特赐他们穿紫色袈裟或道袍，这也称为"赐紫"。道士"赐紫"始于唐初。杜光庭《历代帝王崇道记》记载，唐高祖武德三年（620），李渊赐道士王远知紫衣，这是道士"赐紫"的最早记录。皇帝"赐紫"的同时，往往附带着赏赐"象简"。"象简"就是用象牙做的笏，用于记事，向皇帝启奏时使用。僖宗赏赐杜光庭的就是

"紫服象简"。

麟德殿因建于唐高宗麟德年间（664~665）而得名，它是皇帝举行宫廷宴会、观看乐舞表演、会见来使的场所，相当于皇家国宴厅。唐代文武官员都以能出席麟德殿宴会为荣。"应制"是奉皇帝诏命而赋诗作文的一种活动，"文章应制"的职责就是专门奉诏作文。可见，杜光庭在京的主要职责就是奉诏作文来娱帝王、颂升平、美风俗。

僖宗除了赐封杜光庭"麟德殿文章应制"外，还赐封他"上都太清宫内供奉"身份，这是杜光庭更为看重的。长安太清宫的前身，是高宗李治追封老子为"太上玄元皇帝"时创建的祠堂，当时称为紫极宫，天宝二年（743）李隆基下诏改名为太清宫。太清宫为李唐王朝的家庙，其建筑风格颇似皇宫，气势恢宏，富丽堂皇。"内供奉"是专为供奉于宫中内道场的僧官或道官所设的官职。作为"上都太清宫内供奉"，杜光庭主要负责皇室的祭天祀祖、祈福禳灾等活动。

由以上叙述可以看出，僖宗诏杜光庭入京的主要目的就是让他主持皇室的祭祀活动，以及写写文章来歌功颂德，并不是让他参与政治活动。这是一个很清闲的职务，因此，杜光庭有更多的时间与精力从事道教活动。

在长安期间，杜光庭又见到了阔别多年的潘尊师。杜光庭到长安的第二天，就登门拜谒这位恩师。两人相见，分外亲切，杜光庭把自己入道这几年的所学、所想一一汇报，潘尊师不住地拈须微笑，赞不绝口。以后，杜光庭隔三岔五过来长谈，道教理论素养与日俱增。

在长安，虽不像在天台山那样清静，但杜光庭有机会读到其他地方所见不到的书籍。凡朝廷典籍，省府图书，二京秘藏，他几乎无所不读。此时，他开始编撰《太上黄箓斋仪》，准备系统地清整道教斋醮科仪。在太清宫，杜光庭搜集整理了大量道经，为以后编写《道藏》作着准备。

在长安期间，杜光庭除了整理大量道教文献之外，还写出了道教名著《历代崇道记》。该书叙述了秦汉以来历代帝王崇奉道教的政策，对唐代帝王崇道措施的叙述尤其翔实。杜光庭把此书献给唐僖宗，趁机向他宣扬道教，为道教的发展与传播赢得更多的政治支持。

鉴于杜光庭对道教的突出贡献，僖宗赐封他为"道门领袖"，同时还赐予"弘法大师"称号。朝野上下对杜光庭的评价是："学海千寻，辞林万叶，扶宗立教，海内一人。"

此时的杜光庭，虽然已经名扬天下，但他把这一切看得很淡。从司马承祯到应夷节，天台道教的历代掌门人对世俗名利都看得很淡，杜光庭深受他们的影响，曾多次请求回天台山，但均未获批准。

二、一入蜀地

自东汉中后期道教创立以来，巴蜀就是道教最集中、最活跃的地区之一。这里有道教的发祥地——鹤鸣山，鹤鸣山向北三十公里，就是道教的另一圣地——青城山。崇山峻岭，茂林修竹，清流激湍，映带左右，在这里，游目自然，谛听天籁，非必丝与竹，山水有清音。山巅之上，翠柏之间，大小道观，鳞次栉比，置身于此，令人涤烦醒、荡俗胸、独标孤愫、物我两忘。巴山蜀水，以其特有的天外神韵吸引天下好道之士前来参访、拜谒。

杜光庭第一次入蜀，是在乾符三年（876）。这一次，他漫游了蜀中及周边地区，在那里求仙访道，搜集道经及有关灵异故事。

杜光庭在一位名叫陈评的地方官的陪同下，考察了成都著名的道教圣地——青羊肆。青羊肆建于何时陈评也说不清楚，听长辈们说，他们爷爷小的时候就常到这里玩。由于年久失修，有的屋宇已经坍塌，几个硕大的平台掩映在青青翠竹之间，十几棵高大的千年松柏见证了它的兴衰与沧桑。唐懿宗咸通年间，当地道教信徒重新修建了宫殿，香火才重新缭绕其间。

关于青羊肆，有太多的神秘传说与灵验故事。当地人都知道，这里曾是太上老君的传道圣地，也是各路神仙的聚会圣地。

太上老君传说就是先秦道家的创始人老子。老子原是周朝的"守藏史"，相当于当时的国家图书馆馆长，后来看到周王朝将要败亡，于是辞去朝官，骑了头青牛，西出函谷关隐德修行。

守关的长官名叫尹喜，是老子的同乡。这天，尹喜站在城头，看到一团紫气从东方缓缓飘来，心中暗想今天肯定有高人经过，于是命人在城头置备好酒菜，恭敬迎候。时间不长，果然看见一个人骑着一头青牛慢慢过来。牛背上那位老者，仙风道骨，气度非凡。尹喜连忙迎过去，于是二人开始把酒长谈。

尹喜问老子准备到哪里去，老子说要到西域去。

尹喜说：你这一走不知何时能回来，你必须答应我一个条件，我才能放你走——把你的思想写下来，写成一本书给我。

老子说，使不得，使不得，"道可道非常道"，意思是说，真正精妙的思想是不能用语言文字来表达的。

尹喜非常固执，老子不写就不放他过去。实在没办法，老子勉强写了五千字的小册子交给了尹喜。这就是闻名千古的《道德经》。

临行前，老子告诉尹喜："你在这里行道一千日后，到青羊肆来见我。"

日期已到，尹喜如约而至，果然看见老子正端坐在莲花台上闭目以待，于是上前拜谒，聆听道法。自此以后，青羊宫观便成为老君传道、神仙聚会的圣地。

杜光庭在蜀地听到的诸如此类的传说还有很多，经过选择、提炼、加工，很多故事都成为他著作的重要内容。

在蜀地考察的过程中，杜光庭还即兴创作了一些诗歌。如《题北平沼》：

> 桐柏真人曾此居，焚香崖下诵灵书。
>
> 朝回时宴三山客，洞尽闲飞五色鱼。
>
> 天柱一峰凝碧玉，神灯千点散红蕖。
>
> 宝芝常在知谁得，好驾金蟾入太虚。

"北平沼"应为"北平治"，这是为了避唐高宗李治的名讳而作的改动。"治"是早期道教的传道据点，是后来道教宫观的起源。相传东汉张陵在蜀地创五斗米道时，设置了二十四个据点，称为"二十四治"或"二十四化"。据杜光庭《洞天福地岳渎名山记》记载，北平治在眉州彭山县西北二十五里处，又名财此山，是王子乔成仙的地方，列圣高仙常到此游览。

《题北平沼》写的是杜光庭在此地游览时的所见所闻。首联中的"桐柏真人"指的就是王子乔，犍为武阳（今四川彭山县东）人。传说他居住于此地，常在山崖之下焚香朗读仙书。颔联中，"三山客"指仙人，"三山"即蓬莱、方丈、瀛洲，这两句话是说：朝拜天尊归来的仙人在山中悠闲漫步，五色金鱼在清澈的溪涧中任意遨游。颈联是说：被苍松翠柏覆盖的北平山像根碧玉而成的天柱一样插入云霄，到了晚上，山顶道观举行斋醮仪式，千万盏彩灯像红莲般随风飘动。尾联中，"宝芝""金蟾"用的都是王子乔的典故。传说北平山上有种白虾蟆，称为肉芝，食之可长生不老。王子乔潜心向道，朝夕望山朝拜，十余年后，终于吃到肉芝而得道成仙。杜光庭说：谁能像王子乔那样食得肉芝而驾金蟾升天呢？这两句话表达了杜光庭对得道成仙的渴望。

从以上叙述可以看出，杜光庭第一次入蜀是为了求仙访道、搜集道经与灵异故事。此次，他游览了蜀地的名山宫观，目睹了前人修道成仙后所留下的遗迹，心中充满了对道教的无限热爱之情。杜光庭的此次蜀地之游，心情是轻松愉快的，而再次入蜀就没有这份悠闲了。

三、二入蜀地

杜光庭第二次入蜀，是为了陪侍唐僖宗避难。

黄巢起义的队伍越来越庞大，攻势也越来越猛，他们陷洛阳、破潼关，势如破竹，直捣长安。君臣惊慌失措，全城乱作一团。

广明元年（880）十二月，宦官田令孜率五百神策军护持着僖宗与宗室亲王出京城，仓皇逃往凤翔。次年春至兴元，七月抵达成都，临时驻扎在青羊肆。

有时候，历史就像上天搞的一场恶作剧。天宝十五年（756），唐玄宗为避安史之乱来到蜀地，曾驻扎青羊肆。一百年后，玄宗的不幸子孙僖宗也避难于此，青羊肆再次见证了九五之尊失魂落魄的窘态。

僖宗到成都时，正是酷暑季节，碰巧这里又遭受百年不遇的干旱。当头火辣辣的太阳烘烤着大地，河流干涸，庄稼枯萎，官员一筹莫展，百姓心急如焚。长安的血雨腥风，成都的百年大旱，天灾加上人祸，令僖宗感觉生活在水深火热之中，整日忧心忡忡，寝食难安。按照惯例，每当国家更换皇帝或遇到灾难时，都要更换年号，于是僖宗改年号为中和。

唐代帝王在思维方式上有一共同特点，那就是每当在现实之中无计可施的时候，首先想到的就是他们的本家——太上老君。僖宗也是如此。他听当地道士说，青城山是道教圣地，历代帝王都曾在这里置祠斋祭，但从未得到过封号，因此建议他赐封青城山，这样就会得到老君的恩典。僖宗一听大喜，命杜光庭代表他在青城山修"灵宝道场"，封青城山为"五岳丈人希夷真君"。

封青城山的斋醮仪式是在中和元年（881）七月十五日举行的。杜光庭在《青城山记》与《道教灵验记》等文中都描绘了当时场面的宏大与庄严。《青城山记》说："神灯千余，辉灼林表。"这有些像他在《题北平沼》诗中所说的"天柱一峰凝碧玉，神灯千点散红蕖"。杜光庭《僖宗青城斋醮验》说，就在这次斋醮仪式的当夜，"龙吟于观侧溪中，风雨大至，枯苗载茂，县乃大丰"，成都百姓无不称奇。

二十天后，成都夜空出现流星雨。太史上奏说：当年玄宗皇帝幸蜀时，也出现了与此完全相同的现象，玄宗差道士到青城山腰的常道观斋祭，这才逢凶化吉，转危为安。于是，僖宗也命杜光庭在常道观设"灵宝真文道场"，修周天大醮。

常道观修建很早，据说天师张道陵曾在此传道。入唐以来，佛、道两教竞争加剧，常道观一度被僧人占据，道士被赶了出去。唐玄宗幸蜀时，在常道观举行斋醮仪式，下令把观归还道士。后来，在此居住的道士慢慢减少，长期疏于管理，一些宫殿廊宇都倒塌了，地基之上也长满了野草。乾符六年（879），青城县令崔正规与道士张素卿一起重修了观宇，常道观这才又重新恢复了生机。

杜光庭在常道观斋醮的当晚，青城山再次出现奇异景观——"神钟鸣于空中，殿上钟不击自响，各五十余声；圣灯遍山，作虹桥花木之状"。僖宗非常高兴，下令拨款扩建常道观。张素卿抓住这一时机，奏请皇上把常道观更名为宗玄观，僖宗应允，并为张素卿赐紫。从此以后，僧人再也不敢觊觎此观。

成都还有一座著名的道观——福唐观。这座著名的道观，在中国道教文化史上是与杜光庭的名字分不开的。杜光庭两次入蜀都到福唐观拜谒，且留下了不朽的诗篇。

据杜光庭《历代崇道记》记载，天宝十五年（756）唐玄宗避难蜀地时，曾在成都置福唐观，祈求太上老君保佑大唐王朝。乾符三年（876），杜光庭第一次入蜀的时候曾来过这里，写下一首《题福唐观》：

> 盘空蹑翠到山巅，竹殿云楼势逼天。
>
> 古洞草深微有路，旧碑文灭不知年。
>
> 八州物象通檐外，万里烟霞在目前。
>
> 自是人间轻举地，何须蓬岛访真仙。

七年之后，杜光庭再次来到福唐观，感慨万千，又写一首《题福唐观》：

> 曾随云水此山游，行尽层峰更上楼。
>
> 九月登临须有意，七年岐路亦堪愁。
>
> 树红树碧高低影，烟淡烟浓远近秋。
>
> 暂熟炉香不须去，伫陪天仗入神州。

这两首诗，虽然写的是同一个地方，但主题与感情却大不相同。前一首纯粹是景物描写，表达了对道教的无限向往之情。后一首色调就暗淡多了。

首联回忆七年前第一次入蜀游览福唐观的情景。当时在此求仙访道，饱览名胜，心情是那样悠闲、那样恬静，而此时再次来这里却是为了侍君避难，求老君保佑这个千疮百孔的王朝，心情是这样沉重、这样不安。所以，颔联说"九月登临须有意，七年岐路亦堪愁"。"须有意"，指登高望远，希望早日收复长安；"亦堪愁"，是痛惜李唐王朝已走到穷途末路，复兴之路漫漫无涯。

颈联为景物描写。"树红树碧高低影，烟淡烟浓远近秋"，树叶不论是红是绿是高是低，都笼罩在灰黑的阴影之中，烟云不论是浓是淡是远是近，都染上暮秋之色。这两句是杜光庭当时心情的真实写照。对比一下前一首中的景物描写："八州物象通檐外，万里烟霞在目前"；"盘空蹑翠到山巅，竹殿云楼势逼天"——感情色彩是何等明丽！相形之下，第二首的色调又是何等阴沉、灰暗！尾联说，还须逗留此地继续焚香修道，期盼着天下太平，期盼着陪伴天子回长安的那一天。

杜光庭盼望的这一天终于来到了。中和三年（883）四月，李克用、杨复光率领官军镇压了黄巢起义，收复了长安。

杜光庭在《历代崇道记》《道教灵验记》等书中详细记录了黄巢起义失败前的各种灵验故事。《道教灵验记》卷二《青羊肆验》载：中和三年八月的一天夜里，僖宗命官员李特立与道士李无为到青羊肆玄中观举行斋醮，祈求老君保佑官军取得平乱的最后胜利。醮祭进行到高潮时，突然从殿基东南的竹林中跳出一个橘黄色的火球，起初只有弹丸大小，慢慢在空中变大，然后一上一下地跳向西南方向，最后钻入梅树下的土地中。李特立命人挖地三尺，挖出一块玉砖。这块玉砖，长一尺一寸五分，宽七寸四分，一边厚一寸三分并刻有花纹，另一边厚一寸八分，重十二斤。更为奇特的是，玉砖正面刻着六个篆字——"太上平中和灾"，每字都二寸见方，深三分，典雅方正、古色古香。

李特立把玉砖呈献给僖宗，僖宗大喜，认为这是太上老君的灵验，立即拨巨款扩建青羊肆，并把青羊肆更名为青羊宫。僖宗还下令，把周围大约两顷的土地全部收买过来，交给青羊宫使用，以后任何人不得以任何借口占用这片土地。

青羊宫一跃成为唐末蜀地规模最大、影响最大的道教宫观。乐朋龟奉敕撰写《西川青羊宫碑记》，在这篇文章中，他描绘青羊宫当时的壮丽景象说："冈阜崔嵬，楼台显敞。齐东溟圆峤之殿，抗西极化人之宫。牵剑阁之灵威，尽归行在；簇峨眉之秀气，半入都城。烟粘碧坛，风行清磬。"

中和四年七月，黄巢起义失败，战乱平息。次年正月，在杜光庭等人的护卫下，僖宗起驾还朝。君臣一路凯歌，心情十分愉快。每遇道观，必焚香祭拜；每遇灵迹，必建置道观。在阆州，一块裸露的大石壁上天然地形成一幅老君像，据当地人说，每逢干旱，他们便在像前求雨，每求必应。僖宗下令在此设置玄元观。途经兴元老君殿时，应杜光庭之奏请，僖宗躬拜捻香，并下令设置中兴宫。在途中两个月，僖宗不断慷慨解囊，不知使多少年久失修的道观重新获得生机，君臣简直成了道教的宣传队。三月，终于回到长安，僖宗改年号为"光启"。

此次入蜀，杜光庭在成都待了四年。这四年间，他的主要任务就是奉敕从事各种斋醮活动，并继续整理散落各处的道经，他的名著《历代崇道记》也是在这期间完成的，还写了《僖宗封青城醮》《僖宗青城斋醮验》等文章。

危难之中的僖宗，比任何时候都更加崇信道教，把道教作为救命的稻草。借助平定黄巢起义这一契机，杜光庭在僖宗面前大力宣扬道教的灵验，为道教赢得了更多的政治与经济支持。黄巢起义对大唐帝国来说是件不幸之事，而对道教来说却是一件幸事。道教抓住了这一时机，获得极大发展，这在很大程度上要归功于杜光庭。

回到长安，恢复了平静，杜光庭仍任"上都太清宫内供奉"。除了日常事务外，杜光庭还经常外出访求道经，跋山涉水，历尽艰辛，在几月之内竟又搜集道经三千多卷，正准备编目整理，意外又发生了。

四、三入蜀地

僖宗在拨重金扩修蜀地观宇的同时，又感觉蜀地道教疏于管理，打算派一位道术高妙之人去主持道门事务，于是诏请潘尊师商量此事。潘尊师力荐杜光庭，他说："臣观两街之众，道听途说，一时之俊即有之，至于掌教之士，恐未合应圣旨。……以臣愚思之，非光庭不可。"僖宗大喜，说："正合吾意。"正准备诏令杜光庭赴蜀，新的情况又出现了。

黄巢起义以后，藩镇割据的局面更加严重。各藩镇依恃强大的军事力量不服中央之命，甲兵自擅，刑赏由己，户籍不报于中央，赋税不入于朝廷，并力图建立起世袭制度。僖宗在蜀地避难期间，把河中（今山西境内）境内安邑、解县两座盐池临时交与当地节度使王重荣管理，黄巢起义平定后，王重荣拒绝把盐池交给朝廷。田令孜以筹集军费为借口，启奏唐僖宗将两盐池收归国有，并要亲自兼任"榷盐使"。王重荣极为不满，数次上表，指控田令孜离间君臣关系，并历数其十大罪状。田令孜与王重荣之间的矛盾达至白炽化。

田令孜勾结邠宁节度使朱玫、凤翔节度使李昌符一起讨伐王重荣。王重荣向河东节度使李克用求救，王、李两军会合，与田令孜联军会战，结果，朱玫、李昌符败归本镇。光启二年（886）正月，王、李联军进逼长安，讨伐田令孜，田令孜劫持唐僖宗作挡箭牌，星夜出城逃往凤翔，又去宝鸡，三月到兴元。杜光庭全程随侍护卫。

这次出逃，杜光庭千辛万苦搜集、整理的三千多卷道经，留在城中，毁坏殆尽。这令他伤心至极。他决定离开政治、名利之场，寻找一个安定的环境，把自己的后半生奉献给衷心热爱的道教事业。于是他上表请求去成都整理道经、弘道宣教。僖宗恩准，下诏让他主持蜀地道教事务。光启二年，三十七岁的杜光庭离开兴元，直奔成都。

行在巴山蜀水之中，杜光庭感慨万千。多年伴君生涯，虽说为道教的发展赢得了强有力的政治支持，但也由于与政治联系过于紧密，而不得不与之一起经风雨、共沉浮。政治的四伏危机决定了道教的多蹇命运。弘道之路如此奇险，简直如这眼前的剑门山。

剑门山在川蜀北部，连绵七十余公里。七十二座峭峰，直指苍天，如剑；峰与峰低势相连，自然形成隘路，如门。这里，地势险要，易守难攻，自古就为戍守要地，有"剑门天下险"之说。《华阳国志》记载，诸葛亮任蜀国丞相时，曾下令凿石架桥，称为"飞阁"。李白《蜀道难》说："剑阁峥嵘而崔嵬，一夫当关，万夫莫开。"杜甫《剑门》说："惟天有设险，剑门天下壮。连山抱西南，石角皆北向。两崖崇墉倚，刻画城郭状。一夫怒临关，百万未可傍。"

行在剑门，想到前人咏剑门的诗句，想到自己弘道的艰难，杜光庭也诗兴大发，口占一绝《题剑门》：

谁运乾坤陶冶功，铸为双剑倚苍穹。

题诗曾驻三天驾，碍日长含八海风。

面对雄奇嵯峨、气势磅礴的剑门群峰，杜光庭此时的心情是极为复杂的，既有冲天的豪情壮志，又有壮志难酬的嗟叹。

一年前，杜光庭陪侍唐僖宗从成都回长安，途经阆州老君石壁像时，奏请僖宗建置玄元观。现在观已建成，国家仍未太平。去年君臣济济一堂，共唱返朝凯歌；今朝孑然一身，再赴蜀地找寻弘道遗梦。他走进玄元观，燃起一炷香，口中默念咒语，祈求神灵保佑多灾多难的唐王朝，并写下《醮阆州天目山词》《醮阆州石壁元（玄）元观石文老君词》两篇醮词。

途经剑州普安，杜光庭与当地道士一起炼丹，留下的"浴丹池"被后来的道教信徒升华为优美动听的故事。明人胡世安在《异鱼图赞补》一书中说，"浴丹池"中有一种神奇的五色金鱼，整日在池中自由遨游，如果有人捉住它，天空马上就会乌云密布，继而电闪雷鸣，风雨大作。透过这一神奇的传说，可以看出杜光庭在后人心目中的位置。

光启三年，杜光庭回到成都，受到蜀地统帅陈敬瑄的热烈欢迎。陈敬瑄崇奉道教，经常邀请杜光庭为其主持斋醮祭祀，杜光庭曾为他撰写多篇斋醮词，如《川主太师北帝醮词》《川主太师南斗大醮词》等。此次入蜀，杜光庭决定在此终其一生。

五、弘道青城山

青城山位于四川灌县（今都江堰市）西南，全山诸峰环绕，状如城郭，山上树木茂盛，四季常青，故名青城。杜光庭《青城山记》写道："青城山高三千六百丈，周回五千里。有甘露芝草，天池醴泉。……灵仙所宅，祥异甚多。"

青城山，古称"丈人山"。为什么称为"丈人山"呢？杜光庭在《青城山记》中作了解释。远古时期，青城山居住着一位名叫宁封的仙人，黄帝拜他为师，从他那里学会驾云御龙之术。为了报答宁封仙人，黄帝封他为"五岳丈人"，统领川岳百神。从此以后，青城山就被称为"丈人山"了。

青城山是中国道教发源地之一。《后汉书·刘焉传》记载，东汉顺帝汉安二年（143），天师道的创始人张道陵来到青城山，在这里结茅传道，青城山遂成为天师道的祖山，被道教列为"第五洞天"——宝仙九室洞天。晋代以后，青城山大兴宫观，主传南天师道的正一教法，来此参访的高人逸士络绎不绝。

杜光庭对青城山也有很深的感情。上文说过，中和元年的那次入蜀，僖宗封青城山为"希夷真君"，杜光庭多次奉僖宗之命在青城山修"灵宝道场"，并写下《僖宗青城斋醮验》《僖宗封青城醮》等多篇醮词。

此次入蜀，杜光庭在青城山做了大量弘道活动。在他来之前，这里的很多道观都年久失修，有的只剩残垣断壁。景福二年（893），杜光庭在青城令莫庭乂支持下，筹集资金，动员劳力，修复了丈人观、老君观、紫霞洞等多座道教宫观。杜光庭写了大量文章记载这些善举，如《告修青城山丈人观醮词》《紫霞洞修造毕告谢醮词》。乾宁二年（895）九月，青城山祖庭焕然一新，成为名副其实的道教圣地，杜光庭写《修青城山诸观功德记》一文，为这几年的修缮活动作个总结。

杜光庭在青城山的弘道活动并不仅仅限于道教宫观的修

缮，他还对青城山道教的教义教法进行改革、完善。青城山道教原来所传为南天师道的正一教法，杜光庭对其进行改造，把它与上清教法结合起来，使其在理论上更加完善。

杜光庭在青城山除了从事这些道教活动外，还与当地官员一起积极改善民生。他一方面引导当地居民开荒造田，兴修水利，促进经济的繁荣；另一方面帮助官府革除弊政，移风易俗，建立起扶弱济贫，除奸去恶的道德规范，使当地居民的经济生活与精神面貌都有很大改观。经过一段时间的努力，青城山社会稳定，经济繁荣，当地居民享受着世外桃源般的安定与幸福，青城山被誉为"神仙之窟宅"。

与普通青城山百姓一样，杜光庭在这里也过着世外桃源般的生活。在青城山，他没有居住在繁华的市井，也没有居住在香火缭绕的道观，而是在白云溪畔诛草结茅建立静室。《历世真仙体道通鉴》记载："（杜光庭）喜青城山白云溪气象盘礴，遂结茅居之，溪盖薛昌真人飞升之地也。"

白云溪位于青城山两座山峰相对峙而形成的峡谷之中。关于这个夹谷，道教还有一个传说。东汉末年，朝祚陵迟，人鬼交杂，青城山一带有六大魔王带领无数鬼兵兴风作浪，荼毒生灵。张道陵在这里设下道坛，与魔王斗法。六大魔王率领百万鬼兵围攻过来，张道陵不慌不忙，掏出一支丹笔在山上轻轻一划，山顿时从中间裂开，把众魔鬼夹在里面，动弹不得，魔鬼口服心服，从此改邪归正，不再为害人间。杜光庭《修青城山诸观功德记》也有相似的记载。

夹谷下面就是白云溪。唐玄宗时期的著名道士薛昌真人在这里潜心修道，终于得道成仙，白日飞升，此地留下了他的浴丹池与灵骨塔。白云溪气象氤氲的幽美景色与夐绝尘寰的静谧环境对杜光庭有无限的吸引力，同时，这里浓厚的道教文化氛围对杜光庭也具有不可抗拒的诱惑力。在此居住，杜光庭能找到与仙为伴的感觉。

杜光庭简陋的静室也经常会有人光顾。来这里的都非凡俗之辈，都是些道行高妙之士，宗玄观的道长张素卿就是其中之一。杜光庭第二次入蜀时，就与张素卿相识。两人曾一起为僖宗主持斋醮祭祀。张素卿是当时有名的道士书画家，杜光庭在主持道观修缮时，时常请他在墙壁上画神仙真人像。杜光庭对书画也非常喜爱，在书法方面有高深的造诣，两人经常在一起谈仙论道，吟诗作赋，切磋书画技艺。

杜光庭在青城山的日子，生活安定、心态闲适，这使得他有大量时间与精力来整理道教文献，撰写道教著作。天复元年（901）八月，杜光庭撰成《洞天福地岳渎名山记》；九月，撰成《道德真经广圣义》三十卷。可惜，这份悠闲不久又被打破了。

第4章

山中宰相

一、八世祖陶弘景

杜光庭所传主要是上清派道法，他的五世祖师是司马承祯，司马承祯的四世祖师是南朝齐梁时期的陶弘景，因此，杜光庭应算陶弘景的第八代传人。杜光庭所传承的不仅仅是陶弘景的上清道法，还有他"出世即入世"的人生态度。

陶弘景（456～536），字通明，丹阳秣陵（今江苏南京）人。陶弘景系出名门，祖父陶隆官封晋安侯，父亲陶贞宝官至江夏孝昌相。陶弘景自幼早慧，九岁就能熟诵儒家"五经"，十岁研读葛洪《神仙传》而萌生"养生之志"，十五岁作《寻山志》表达对道教的仰慕之情。

齐高帝萧道成及其子齐武帝萧赜在位期间（477～493），陶弘景曾先后出任巴陵王、安成王、宜都王等诸王子的侍读，兼管诸王室牒疏章奏等文书事务。永明十年（492），三十七岁的陶弘景辞去官职，退居茅山修道。茅山是仙家洞天福地之一，号称"华阳之天"，因此陶弘景自号"华阳隐居"。

陶弘景退隐之后，萧道成后悔放他离开，于是派人劝他重新出山。使者把萧道成的书信交给陶弘景，上面只有一句话："山中何所有？"陶弘景提笔写了一首五言诗，《诏问山中何所有赋诗以答》："山中何所有，岭上多白云。只可自怡悦，不堪持赠君。"萧道成读了诗后，知道他心意已定，就不再勉强。

南齐中兴二年（502），萧衍（464~549）废掉齐和帝自行称帝，改国号为梁，庙号武帝。梁武帝登极之初，不但勤于政务，清正廉明，重用有识之士，取得很好的政绩，而且学识广博、多才多艺，琴棋书画，无所不能，因此深受国人爱戴，这其中也包括陶弘景。

萧衍在称帝之前，就与陶弘景私交甚厚。称帝之后，更是经常向他请教军政要务。《南史·陶弘景传》说："国家每有吉凶征讨大事，无不前以咨询。月中常有数信，时人谓为山中宰相。"每当国家有重大事件，萧衍总要遣人到茅山向陶弘景请教对策，有时一个月往来书信多不胜数，史书描述为"书问不绝，冠盖相望"，即是说萧衍与陶弘景之间不停地有书信往来，前面使者的车辆未回，后面的又至，使者在途中可以相互望见。陶弘景因此被世人称为"山中宰相"。

由皇宫到茅山，路途虽不算遥远，但这样请教问题终究不太方便，尤其是有急事要面谈的时候，更不方便，于是武帝派人请陶弘景出山。

陶弘景不好直接驳梁武帝的面子，便画了两头牛让来人带给他。画中一头牛散放在水草之间，另一头牛则戴着金笼头，被人用绳子牵着、棍子赶着，愁眉苦脸。武帝一看，明白了意思，笑着说道："荣华富贵对陶弘景来说只是过眼云烟，他要效仿《庄子》中的神龟，只求活着在泥淖中摇着尾巴自由爬行，而不愿死了供于太庙，享受富贵。"从此以后，武帝不再向他提出山之事，但每当有军国大事仍要向他请教。

陶弘景的这种人生态度对后来的上清派道士产生了极为重要的影响。上文说过，司马承祯也曾多次婉言谢绝武则天、唐睿宗、唐玄宗的挽留，执意回天台山修道，而不愿意走"终南捷径"。薛季昌、田虚应等人也有相似的经历，杜光庭也是如此。

杜光庭加入前蜀政权以后，走的是一条与陶弘景相似的道路，于是道门又多了一位"山中宰相"。

二、出仕前蜀

杜光庭在两次随僖宗入蜀的过程中，结识了一个人，这个人对他后半生的弘道事业至关重要，他就是五代十国前蜀的建立者王建。

王建（847～918），许州舞阳（今属河南）人，字光图。王建年轻时以屠牛、盗驴、贩私盐为业，因排行第八，被乡人称为"贼王八"。唐朝末年投军，成为忠武军镇许州的士兵，很快就因骁勇善战而升为忠武军八都校之一。

黄巢攻破长安时，唐僖宗逃往蜀地，王建是"随驾五都"之一，深得田令孜的赏识，并成为其义子。起义平定，僖宗返回长安后，王建荣升"神策军"统帅。光启元年（885），僖宗再次出逃，王建任"清道使"，负责保管皇上的玉玺，是皇上最贴身的卫士之一。王建一路上尽心竭力护驾，深得僖宗赏识。

文德元年（888）二月，僖宗发病，三月驾崩。第二年，唐昭宗李晔即位，是为龙纪元年（889）。王建被派往四川，先后任壁州刺史、利州刺史、永平军节度使。

此时的唐王朝，藩镇割据局面进一步加剧。陈敬瑄据守西川，不服中央，唐昭宗诏令王建讨伐。大顺二年（891）七月，王建击败陈敬瑄，占领了成都，被朝廷封为西川节度使，从而控制了蜀中地区。乾宁四年（897），王建又以奉诏讨逆之名武力占据了东川。至此，王建已经成为蜀地的最高统帅，先后被朝廷封为"琅琊王""西平王"。天复三年（903），王建又被封为"蜀王"。

天祐元年（904），朱温强迫唐昭宗迁都洛阳，然后把他杀害，另立其子李柷为帝，是为唐哀宗。开平元年（907）四月，朱温废掉唐哀帝，自行称帝，国号为"梁"，史称"后梁"。至此，统治了二百八十九年的李唐王朝彻底灭亡，中国进入五代十国的纷乱时期。

朱温称帝后，各藩镇纷纷独立。面对这一局面，王建也有称帝的打算，但又不愿意背上不忠的骂名，于是召集僚属商量。时任掌书记的韦庄建议说：唐王朝不存在了，这已经是个不可改变的事实。因此，您称帝不能说是对唐室的不忠——不但不能说是对唐室的不忠，反而可以说是对唐室的最大忠诚，因为您这是替唐王朝讨伐乱贼朱温，替唐王朝报仇。一席话说得王建茅塞顿开，于是率领蜀地官员百姓痛哭三天，以表达对已逝唐王朝的无限留恋与忠诚。开平元年九月，王建在成都称帝，建立蜀国，史称前蜀；次年，改年号为武成。

王建称帝后，曾以一国之尊的身份多次邀请杜光庭参加他的政权，但屡次遭到杜光庭的拒绝。后蜀何光远《鉴诫录》卷五《高尚士》说："杜则王蜀九命不从，可谓高尚隐逸士。"杜光庭拒绝王建的最主要原因是他对李唐王朝的深厚感情。前蜀政权建立之后，杜光庭仍然在自己的文章中使用唐朝年号，使用唐王赐予的封号，他以这种方式来表达自己对唐王朝的忠贞。王建并没有因为杜光庭对旧朝的留恋而生气，也没有因为多次碰壁而灰心，而是以三国时期的蜀主刘备为榜样，一顾再顾，不达目的，决不罢休。

王建的诚心诚意，使杜光庭陷入矛盾之中。他不断回忆过去与王建交往的一幕幕，以期对王建的人品作出一个理智的判断。

在僖宗两次逃难的过程中，杜光庭与王建都尽心竭力地保护皇上，王建负责僖宗的人身安全，杜光庭负责僖宗的精神寄托，一文一武，相得益彰。在这过程中，两人接触较多，有很多相互了解的机会，杜光庭欣赏王建的忠心报国与机智勇敢，王建欣赏杜光庭渊博的学识与高妙的道术，两人结下了深厚的友谊。

王建对道教的真诚崇奉，也令杜光庭对他怀有好感。中和四年（884），王建还在壁州刺史任上，杜光庭就曾向他进呈《历史崇道记》，向他宣扬道教。杜光庭在青城山主持大规模的道观修缮活动，王建给予了大量的人力、物力与财力支持。王建除了直接支持杜光庭的道教活动外，还委任道教信徒莫庭乂为青城县令，让莫庭乂为杜光庭修缮道观提供一切帮助，也曾多次让莫庭乂代表自己进行醮祭活动。这些都令杜光庭感激不尽。

杜光庭对王建的好感主要来自两方面：一是他对道教的大力支持，二是他对唐王朝的忠诚。王建经常请杜光庭为他建醮祈福，但与一般人不同的是，王建总是把自己的幸福与唐王朝的安危联系在一起。乾宁四年（897），王建在决战东川的前夜，请杜光庭为他建坛设醮，祈求神灵保佑他出师顺利。杜光庭在《川主天罗地网醮词》中说："使乾纲坤纪，息氛渗于一方。"这就把王建出师的成败与唐王朝的安危联系在一起，突出其出师的正义性。天复年间（901～904），一只仙鹤降临蜀地彭女观，王建认为这是天降祥瑞，于是请杜光庭建坛设醮。杜光庭在《川主大王为鹤降醮彭女观词》中说："实圣朝之上瑞，岂藩阃之所招？愿祈山寿鹤年，以奉龙图凤历。"这也是把斋醮与唐王朝联系在一起。杜光庭为王建所写斋醮词中的忠君思想，既是对王建的赞扬，也是自我表白，两人之间的友谊正是建立在"忠君"思想基础之上的。

杜光庭思前想后，还是拿不定主意，于是一个人来到青羊宫，焚香祷告，祈求仙人指点。缕缕清香飘上天空，然后慢慢散开，化作朵朵白云。杜光庭隐隐感觉白云之上有仙人垂谕："中原多难，道教凌迟，蜀地安宁，蜀主英明，兹地乃道教之沃土，兹主乃道教之贵人。"一炷香烧完，杜光庭作出最后决定——归属王建，中兴圣教！

三、商山四皓不如先生一人

杜光庭的到来，令王建十分高兴。王建亲自把他迎请到朝廷之上，当着满朝文武的面说："昔汉有四皓，不如吾一先生足矣。"意思是说，汉孝惠帝需要商山四位隐士帮助才成就大业，而我只要杜光庭一人就够了！王建的礼遇，令杜光庭十分感动，决心为王蜀政权尽自己最大的努力。

离开青城山白云溪，杜光庭住进了成都玉局观。据说，这里是张道陵得道的地方。《舆地纪胜》记载，东汉永寿元年（155），张道陵云游至成都，在城北门附近遇到太上老君，于是祈求老君为他说法。这时，地下突然冒出一阵烟雾，一个

"局脚玉床"（"局脚床"就是下面装有曲折形高脚的坐榻）缓缓从地下升起。老君坐上局脚玉床，为张道陵讲《南北斗经》。讲完以后，老君乘云升天而去，局脚玉床又慢慢沉入地下，此地形成一个深不见底的洞，当地人称为"玉局洞"。人们又在洞边修了一座规模宏大的道观，称为"玉局观"。杜光庭仕蜀期间，就住在这里。

杜光庭对王建的最有力支持，莫过于利用自己"道教领袖"的特殊身份为王蜀政权作神学证明。永平二年（912）七月，汉州什邡县百姓郭回芝在仙居观附近挖出一块长七寸宽四寸的铜牌，铜牌的正面刻有一行字："《老子通天记》云：丁卯年甲戌乙亥人王生，享二百年天子。王从建、王元膺、王万感、王岳、王则、王道宜。"背面也刻着一行字："洛州北邙化章宏道天宝年留此，明后圣代。"郭回芝把这块铜牌交给仙居观道长，很快这块铜牌就被送到王建手中。

王建请杜光庭解读铜牌上的文字。杜光庭说：铜牌上所写开国天子的名姓与生辰都与主公相吻合，从背面的落款来看，这块铜牌当是玄宗天宝年间留下的，也就是说，早在一百五十多年前，上天就已经安排好让您做天子了，您名字后面的那五个名字都是后世天子之位的继承者。王建大喜，忙命杜光庭举办声势浩大的斋醮仪式，以感谢上天的垂爱，同时祈求上天保佑王氏社稷永昌，国泰民安。杜光庭为此写《皇帝醮仙居山词》《皇帝修灵符报恩醮词》等多篇斋醮词，详细叙述这一灵验故事，并歌颂王建的圣明。

接着，激动不已的王建又下令，把什邡县改名为通记县，以照应铜牌上的《通天记》，又拨巨款重修仙居观，并把它更名为天锡观，还封章宏道为"鉴圣真人"，封仙居山之神李八百为"元应真人"。总之，凡是与这块铜牌有关的人或物都得到了封赐。杜光庭再次主持大规模的斋醮活动，写《天锡观告封章李二真人醮词》等文章。除此之外，王建还赏赐天锡观一所田庄，杜光庭代道士们写《谢宣赐天锡观庄表》，以表达对王建的感激之情。

仙居观铜牌之事，为王建称帝提供了有力的神学依据，也为王蜀政权赢得了民心。在王蜀政权的巩固过程中，道教符瑞扮演了十分重要的角色。每当国内有祥瑞出现，杜光庭都会不失时机地写文祝贺，把这些现象升华为王氏政权清明的象征。王建在位的十余年间，蜀地出现了大量符瑞。每次出现符瑞，杜光庭都要上表祝贺，可以看出杜光庭对王氏政权的一片苦心。

杜光庭对王建前蜀政权的贡献，不仅仅在于为其作神学论证，他还经常参与王建的政治决策，直接为王建出谋划策。

杜光庭建议王建重用来蜀避难的原唐王朝贵族、官员与文士，按照唐王朝的模式来建立前蜀的政权体制。王建完全采纳了杜光庭的建议。司马光《资治通鉴》卷二六六说："蜀主虽目不知书，好与书生谈论，粗晓其理。是时唐衣冠之族多避乱在蜀，蜀主礼而用之，使修举故事，故其典章文物有唐之遗风。"王建对唐文化遗产的留恋与继承，固然有他怀旧的情愫，但更主要的原因则是杜光庭的建议。

王建在处理朝政的时候，每当碰到棘手问题，也总要向杜光庭请教。永平二年，后梁君主朱温派遣使者来前蜀递交结盟国书，落款印文为"大梁入蜀之印"。王建读书不多，不知这印文有何言外之意，于是向杜光庭请教。杜光庭告诉他说，这是后梁拿后蜀当"夷狄"看待，含有轻蔑之意。对待他的办法是以其人之道还治其人之身。不久，朱温被杀，王建派使者前去吊唁，落款印文即作"大蜀入梁之印"。

为了表彰杜光庭的贡献，永平三年六月，王建封杜光庭为"金紫光禄大夫""左谏议大夫""上柱国蔡国公"，又赐号"广成先生"。王建还特降旨恩准他可以单独起居朝贺，不必与众僧道为伍，杜光庭进呈《谢恩奉宣每遇朝贺不随二教独入引对表》以表示感谢。

四、太子师

王建次子王宗懿，虽然相貌丑陋（史书说他"长嘴暴牙，目视不正"），但由于警敏知书，擅长骑射，而深得王建喜爱。武成元年（908），十七岁的王宗懿被立为皇太子。武成三年，王建命杜光庭做太子的老师。杜光庭深感责任重大，自己又不住在宫中，难免会有不到之处，于是又向王建推荐儒者许寂、徐简夫，三人共同辅佐太子，共议政事。

永平二年（912），仙居观发现神秘铜牌，王宗懿认为"王从建"后面的"王元膺"应该是指自己，于是上奏更名"王元膺"，又到仙居观举行斋醮仪式，祈求老君保佑他当皇帝，并命杜光庭代写《皇太子醮仙居山词》。

自从获得图谶之后，王元膺认为自己命中注定要当皇帝，于是目空一切，整日与乐工群小嬉戏，荒淫无度，肆无忌惮，无人敢劝阻。看到王元膺得意忘形的样子，杜光庭深感忧虑，旁敲侧击地告诫他勿骄勿躁。这些话对王元膺来说只如耳边之风。实在没有办法，杜光庭只好向王建汇报，王建让他代写一篇《诫子元膺文》，命王元膺放在案头，早晚诵读。该文如下：

> 吾提三尺剑，化家为国，亲决庶狱，人无枉滥，

恭俭畏慎，勤劳慈惠，无一事纵情，无一言伤物，故百官吏民，爱朕如父母，敬朕如天地。汝褆禄富贵，不知创业之艰难。更汝之名，上应图谶，勿骄勿矜，勿盈勿忌，惟敬惟诚，惟谦惟和；内睦九族，外安百姓，赤心待群臣，恩信爱士卒。刑罚人之命也，无徇爱憎；奸邪国之贼也，无信谗构。绝畋游之娱，察声色之祸，然后能保我社稷，君我臣民。吾蚤莫诚勖，恐汝遗忘，当置于几案，出入观省。

这篇文章，虽以王建口吻下笔，但所代表的也是杜光庭的思想，文中所流露的对太子的拳拳勖勉之情，颇像诸葛亮的《出师表》。令人遗憾的是，杜光庭的一片苦心并没有引起王元膺的半点悔意。

王元膺与王建的宠臣枢密使唐道袭不和，为了防止二人之间矛盾的激化，王建让唐道袭出任兴元节度使。一段时间后，唐道袭返回成都，恢复旧职，两人之间的关系迅速恶化。永平三年七月初，两人终于刀兵相向。唐道袭在王建面前告王元膺谋反，王元膺诛杀唐道袭。王建调兵戡乱，王元膺在混乱中被卫士杀死。

王元膺的死令杜光庭深为不安，他感觉自己辜负了王建的重托，主动找王建谢罪。王建说：天作孽犹可违，自作孽不可活，太子不听先生劝阻，死有余辜。王建的宽容，使杜光庭极为感动，决心为王氏政权鞠躬尽瘁，死而后已。

从表面上看，王建对太子之死表现得很平静，而在内心深处，却如翻江倒海。王元膺虽然我行我素，桀骜不驯，但在王建多位儿子当中，他是最有军事才能的一个，英勇善战，雷厉风行，因此最适合继承王位。哪承想竟落得如此下场！年近古稀的王建黯然神伤。

当务之急是另立太子，王子们个个摩拳擦掌，跃跃欲试。王建心中有两个人选：一个是雅王宗辂，因为他长得最像自己；另一个是信王宗杰，因为他明敏有才。正当王建在宗辂与宗杰之间反复掂量犹豫不决时，他最宠爱的妃子花蕊夫人徐氏，正在幕后暗暗地策划着一场阴谋。

花蕊夫人是王建幼子王宗衍的生母。王宗衍生性懦弱，不喜武功，天生喜好诗词，童年时就能写出颇有文采的诗歌，尤其喜欢写那些以风花雪月为内容的艳体诗。他曾经把自己创作的二百多首艳体诗编为《烟花集》，在蜀地广为传诵。

为了让王宗衍当上太子，徐氏以百金买通宰相张格、宦官唐文扆，让他们连夜游说朝中那些功勋卓著的大臣。张格、唐文扆告诉这些大臣：皇上密旨，让你们推举王宗衍当太子，并在推荐书上署上姓名。

第二天，张格、唐文扆拿着签满功臣姓名的推荐书找王建，说满朝文武都希望王宗衍当太子。王建有些怀疑宗衍的能力，于是找相面先生给诸位王子相面，看谁最有帝王之相。早被徐妃买通的相面先生当然说郑王宗衍面相最贵。王建感到民意不可违，于是降旨立王宗衍为太子。

立完太子后，王建找来杜光庭，忧心忡忡地对他说："宗衍自幼懦弱，不知能否胜此重任?"杜光庭知道木已成舟，也不好再说什么。王建又委任他做王宗衍的老师，杜光庭不便推辞，只好答应。

王宗衍被立为太子之后，整天只顾花天酒地，对朝政大事毫无兴趣。

一日，王宗衍与其他王子一起玩斗鸡，王建正好路过，看到这一群阿斗般的儿子，王建悲从中来，心中喃喃自语："吾百战以立基业，此辈其能守之乎?"

与这些浑浑噩噩的王子不同，王宗杰勤奋好学，才思敏捷，胆略过人，屡陈时政，深得王建喜爱。于是，王建打算废掉宗衍，重新立宗杰为太子。可是，这一想法刚一流露，王宗杰就莫明其妙地暴亡。这摊污水太深了，王建感觉自己已经难以左右形势了。

　　王建开始怀疑张格，认为在立太子这件事上，张格肯定做了手脚。由怀疑慢慢发展为厌恶，王建想除掉张格，但由于有以徐妃为代表的庞大势力给他撑腰，王建竟拿他没办法。

　　永平末年（915），六十九岁的王建身患重病，很多朝政交由唐文扆处理。唐文扆为人奸诈，早有篡位野心，把持朝政以后，与张格暗中勾结，结党营私，排除异己，忠贞正直之士敢怒不敢言。

　　光天元年（918）六月，奄奄一息的王建躺在病榻之上，断断续续地对杜光庭及其他几位贴身大臣说："宗衍生性懦弱，且年岁最小，本不该立为太子，只是朕不想违背诸公之意，才废长立幼。如果太子不堪大业，诸公可废掉他，在王氏子弟中另谋人选，但求你们千万别杀害他。"

　　说完，王建无力地拉着杜光庭的手，两眼紧盯着杜光庭的双眼，几滴浑浊的老泪从他干瘪的脸颊上滚下。杜光庭明白这期待的眼神，说："臣等定会竭尽全力辅佐幼主，确保大蜀江山永固。"王建永远地闭上了双眼。

　　就在去世前不久，王建曾吩咐杜光庭找占卜高手马处谦为他算寿命。马处谦没有直接告诉杜光庭结果，只是说："主上受元阳之气四斤八两。"杜光庭明白，四斤八两就是七十二两，此话暗示王建寿命是七十二岁。现在果真应验了。

五、自是君臣数尽年

王建病逝，王宗衍即位，改名王衍，封母亲为"顺圣太后"，姨母为"翊圣太妃"。

此时，已经六十九岁的杜光庭患上严重的眼病，发作时，双目近乎失明，十分痛苦。在这种情况下，他还得为王衍的登基与王建的葬礼日夜操劳。年事已高，再加上日夜操劳，杜光庭的眼疾愈加严重，经常眼前模糊一片，唯有王建临终嘱托的那一幕总是那样清晰——那干瘪的手，那浑浊的泪……

杜光庭决心在自己余下的为数不多的日子里，效仿李唐王朝成功利用道教的经验，为王氏写一部神仙传，把王氏与道教联系在一起，为王蜀政权赢得神仙的保佑和民众的支持。

杜光庭从大量道教文献与口头传说中，搜集有关王姓神仙的故事，把他们集中在一起，编成《王氏神仙传》一书。该书初编于王建去世、王衍继位的光天元年（918），完成于乾德五年（923）。《王氏神仙传》原书已经不存在了，现存三十九篇，分散在《三洞群仙录》《类说》两部书中。从这三十九篇可以大致了解该书的主要内容。

杜光庭在《王氏神仙传》中把王氏神仙上溯至上古时期的王倪。他说，王倪是老君的弟子，得道于伏羲氏与神农氏之间，尧舜之时，还有人见到过他，后来就羽化登仙了。这样，王氏在源头上就与道教老君建立了不可分割的联系。

《王氏神仙传》中，还有一位大名鼎鼎的人物，他就是周灵王的太子王子晋。周灵王共有三十八个儿子，独有王子晋生而神异，幼而好道，经常有神灵附体，即使陪侍在他左右的人也没有一个知道的。后来，王子晋得到天台山道士浮丘公传授的道法秘笈，于某年的七月七日，乘白鹤升天而去。成仙以后，王子晋任"右弼"之职，统管五岳，号桐柏真人。

杜光庭把刚写完的《王氏神仙传》交给王衍，王衍看后非常高兴。在众多的王姓神仙中，王子晋的出身最为尊贵，王衍认定他就是自己的祖先。乾德三年，王衍敕命在青城山上建造上清宫，在大殿上塑王子晋像，并尊之为"圣祖至道玉宸皇帝"，又塑父亲王建与自己的像，立侍于左右。为了感谢杜光庭帮助王氏"寻根"，王衍封他为"传真天师"兼"崇真馆大学士"。王衍本人还亲受道箓，加入道籍，把自己装扮成道士皇帝的形象。

王衍重视道教，只是为了装点门面。道教所宣扬的清心寡欲思想，对他来说只如耳边之风。他把一切朝政大权都交给宦官，自己日夜花天酒地，荒淫无度。

乾德三年五月，王衍斥巨资建造的皇家花园宣华苑竣工。宣华苑方圆十里，苑内分布着许多宫殿亭阁。《蜀梼杌》说："有太清、延昌、会真之殿，清和、迎仙之宫，蓬莱、降真、丹霞之亭。"苑内有宣华池，池中有三岛，岛上分别建有重光殿、丹霞亭、蓬莱亭，象征大海中三神山。王衍整日与太后及诸妃嫔在此游乐，有一次饮酒玩乐竟长达九天，王衍与太后各作《宫词》来描述他们在这里的所见、所闻、所感。

王衍还经常召集宫伎在此游戏。他自己头上裹一块头巾，上部尖尖的像个锥子；宫伎们穿上道服，头上戴着莲花冠，脸颊搽得红红的，号"醉妆"。他创作《醉妆词》，与宫伎们一起演唱："者（这）边走，那边走，只是寻花柳。那边走，者（这）边走，莫厌金杯酒。"这个游戏很快在全国流行开来，大街小巷《醉妆词》不绝于耳。

王衍还经常与太后、太妃一起率众巡游，极尽奢华之能事。乾德二年（920）冬，他率众北巡，"旌旗戈甲，连亘百余里"，浮江而返，"龙舟画舸，昭耀江水"，耗费大量的人力、物力、财力，人民不堪重负，整个蜀地鸡犬不宁。

王建临终委托辅佐王衍的几位重臣，除杜光庭外，其余都拉帮结派，各自打算，对王氏政权虎视眈眈。王建的养子王宗弼，是王衍即位后的首辅大臣，他不但不尽辅佐之职，反而利用手中特权结党营私，打击异己。王建最宠爱的宦官宋光嗣，在王衍即位后，也阳奉阴违，欺上瞒下。

王衍的生母皇太后与姨妈皇太妃，更是利用家族优势，卖官鬻爵，作威作福。《新五代史》卷六三说："太后、太妃以教令卖官，自刺史以下，每一官阙，必数人并争，而入钱多者得之。"吏部侍郎韩昭因私自安排要职，被告到朝廷。王衍质问缘故，韩昭理直气壮地说："我安排的都是太后、太妃、国舅的亲戚，没有一个我自己的亲戚。"王衍无话可说。

这几股势力，把整个前蜀王国扰得鸡犬不宁，忠贞之士噤若寒蝉，百姓苦不堪言。王衍的荒淫无度令杜光庭十分担忧，多次直言相劝，但起不到半点作用。此时的杜光庭，年老体弱，势单力薄，感觉自己像一叶小舟，面对肆虐的洪水已经无能为力，归隐之心油然而生。此时的诗歌代表了他的心声：

思山咏
因卖丹砂下白云，鹿裘惟惹九衢尘。

不如将耳入山去，万是千非愁杀人。

伤时
帆力劈开沧海浪，马蹄踏破乱山青。

浮名浮利过于酒，醉得人心死不醒。

偶题

似鹤如云一个身，不忧家国不忧贫。

拟将枕上日高睡，卖与世间荣贵人。

当年为了宣扬、推行道教而参与政治，虽取得一些政绩，为国家、为百姓、为道教做了一些实事，但也沾惹了不少世俗的是是非非，如今决心重入深山，远离世俗风尘。

杜光庭向王衍请求归隐青城山。王衍早就想让眼前这位老朽离开了，省得再听他唠唠叨叨，于是很爽快地就答应了。杜光庭回到白云溪畔的茅草屋，从此专心修道，不再过问政事。

咸康元年（925）九月，王衍与太后、太妃一起到青城山醮祭祈福。《十国春秋》卷三七记载当时的场面说："宫人皆衣云霞之衣，帝自制《甘州曲》，令宫人唱之，其辞哀怨，闻者凄惨。"《甘州曲》是王衍自创的乐曲，歌词云："画罗裙，能解束，称腰身。柳眉桃脸不胜春，薄媚足精神，可惜沦落在风尘。"

杜光庭没有参加这次醮祭活动，只是远远地站在山头，冷眼旁观。道教音乐，被改为风尘艳曲；斋醮舞蹈，被改为宫廷艳舞。这纯粹是王衍导演的一出闹剧！杜光庭心中不断重复道："气数尽矣！气数尽矣！"

就在王衍率众在青城山忘情表演之际，后唐庄宗李存勖遣魏王李继岌、郭崇韬率大军从洛阳悄悄向蜀地进发。七十天后，后唐军队兵临成都，王衍出降。

在押往洛阳的途中，王衍还痴迷于剑阁的美丽山水，吟出"不缘朝阙去，好此结茅庐"之诗句。可惜后唐君主不再给他"结茅庐"的机会，派人把他与亲族一起全部杀害在秦川驿，仅维持二十三年的前蜀政权灰飞烟灭。王衍留在世间的最后两句诗，也成为世人的笑柄。

六、须知三教本同源

前蜀王国境内，分布着无数佛教庙宇与道教宫观，很多和尚、道士汇集于此。蜀主王建佛、道二教并重，在他周围聚集了很多和尚、道士。这些和尚、道士，经常因为信仰上的分歧而激烈辩论，也经常因为名利之争而相互攻讦、相互嘲讽。

后蜀何光远《鉴诫录·旌论衡》记载了当时佛、道互相攻讦的情况。当时的蜀地，佛、道双方都有辩论的高手。光业被称为"僧门一瑞"，杨德辉被称为"道门一俊"。两人经常在一起辩论，都才思敏捷，技艺高超，问答论难，无不双美。

武成二年（909），佛、道二教都出现了违法乱纪的事情。东川昌明县道士李怀呆因聚众滋事而被诛杀，普通山青州长老因与两个尼姑私通而被收容。光业与杨德辉，都抓住对方的把柄作诗相互嘲讽。双方诗写得都很刻薄，极尽讽刺挖苦之能事。

王建的生日是二月八日，蜀地把这一日称为"寿春节"。这一年的寿春节，佛门与道门都给王建送生日礼物，佛门送的是辟支佛的牙骨舍利，道门送的是武成《混元图》。佛、道双方都认为对方送的礼物没有价值，于是又写诗互相嘲讽。朝中有识之士，对这种佛、道相互攻讦现象深表忧虑。

秘书监牛峤是杜光庭的好友，他忧国忧民，常以东汉名臣袁安自诩。牛峤在诗中说："莫向人间争胜负，须知三教本同源。"这是用儒、佛、道"三教同源"理论来调解佛教与道教之间的争执。这一思想是与杜光庭完全一致的。

杜光庭虽然是"道门领袖"，但他并没有很深的宗门之见，他没有像杨德辉那样与佛教针锋相对，而是站在"三教融合"

的立场之上来调和佛、道之间的矛盾。他说，真正修道之人，不应抱着强烈的门派偏见，不能因为佛教是外来的宗教就加以排斥，更不能因为儒家思想与自己不完全一致就把它视为别类，三教教义虽然说法不一，但都教人修身养性的道理，三教本来同源，可以相互补充、相互融合。

杜光庭的道教修养代表了当时道士的最高水平，他与高僧贯休之间的深厚友谊正是其"三教融合"思想的体现。

贯休（832~912），婺州（今浙江金华）人，俗姓姜，七岁出家。与贯休所住禅房隔着一道篱笆墙，住着另一位法号处默的童子，年龄与贯休差不多，都是十来岁。两人都酷爱吟诗作赋，经常在诵经闲暇之时，隔着篱笆墙吟诗作对，相互唱和，后来两人都成为著名的诗僧。

贯休为人坦荡，个性耿直。据宋代计有功《唐诗纪事》卷七五记载，贯休为了能到吴越弘扬佛法，以诗投吴越国王钱镠，想通过这种方式结识钱镠。贯休诗云：

贵逼身来不自由，几年勤苦踏林丘。

满堂花醉三千客，一剑霜寒十四州。

莱子衣裳宫锦窄，谢公篇咏绮霞羞。

他年名上凌烟阁，岂羡当时万户侯。

钱镠看过，感觉诗写得确实不错，只是第四句中的"十四州"三字不好，于是说："把十四州改为四十州，才得相见。"贯休非常生气，对钱镠说："州亦难添，诗亦难改。然闲云孤鹤，何天不可飞？"于是，离开吴越前往蜀地。

贯休于昭宗天复年间（901~904）入蜀，先以诗投蜀主王建，诗曰：

河北河南处处灾，惟闻全蜀少尘埃。

一瓶一钵垂垂老，千水千山得得来。

秦苑幽栖多胜景，巴歈陈贡愧非才。

自惭林薮龙钟者，亦得亲登郭隗台。

王建读了贯休的诗后，很高兴，对他礼遇甚厚，为他建造龙华禅院，署号"禅月大师"，并常呼之为"得得来和尚"。王建还给贯休封了一个冠绝古今的头衔——大蜀国龙门待诏明因辨果功德大师、祥麟殿首座引驾内供奉讲唱大师、道门子使选练校授文章应制大师、两街僧录封司空太仆卿云南八国镇国大师、左右街龙华道场对御讲赞大师、兼禅月大师、食邑八千户赐紫大沙门。从这近百字的头衔可以看出王建对贯休的器重。

王建对贯休的器重，并没有引起杜光庭的嫉妒。杜光庭与贯休，虽一为道，一为僧，在宗教信仰上有很大差异，且当时佛、道两教之间的优劣之争还很激烈，但这并没有影响两人之间的交情。

贯休比杜光庭年长十八岁，杜光庭还是七八岁的孩童时，就在缙云镜湖方干处见到过贯休，贯休对聪颖过人的少年杜光庭十分喜爱，预言他长大后必有大用，杜光庭则怀着十分景仰的心情向贯休请教作诗的技巧，两人结成了忘年之交。没有想到，三十年后两人能在蜀地相逢，而且共同辅佐蜀主王建。

杜光庭住的玉局观与贯休住的龙华禅院相隔不远，两人经常相互来往，除了讨论辅佐蜀主、治理国家的政治事务外，两人还经常在一起谈玄论道，吟诗作赋，有时也相互开个善意的玩笑。

据陶岳的《五代史补》记载，贯休与杜光庭两人都思维敏捷，能言善辩，经常在一起切磋机锋。有一次，两人骑马走在大街上，贯休的坐骑忽然拉屎，杜光庭在后面大呼："大师大师，数珠落地了！"贯休闻之，反唇相讥道："非数珠，盖大还丹耳。"两人哈哈大笑。

七、魂归青山

后唐灭掉前蜀后，太祖李克用侄婿孟知祥（874~934），因在这场战争中立了大功，被封为西川节度使，统管蜀地军政要务。

孟知祥到成都后，安抚难民，蠲除役赋，选择廉吏治理州县，社会渐趋稳定，生产迅速恢复。孟知祥多次亲临青城山白云溪，请杜光庭出山协助他管理蜀地事务，杜光庭都以年老体弱为借口婉言谢绝了。

归隐后的杜光庭，除了偶尔参加一些道教活动外，几乎足不出户，全身心地投入青城山的灵山秀水之中，在这里潜心修道，在这里吟诗作赋。

杜光庭请人在白云溪边筑造一个平台，每天坐在台上读书，这个平台被称为读书台。彭洵《青城山记》卷上《古迹记》说："古读书台在白云溪，为杜光庭读书处。"杜光庭还专门为读书台赋诗：

> 山中犹有读书台，风扫晴岚画障开。
>
> 华月冰壶依旧在，青莲居士几时来。

诗里所说的"读书台"是指四川彭山县的李白读书台，杜光庭在这首诗里以自己的读书台与李白的读书台相举，以此来表达对李白超尘脱俗人格的赞许。

这期间杜光庭接触的人多为隐士，张令问是其中之一。据《蜀梼杌》介绍，张令问，蓬溪人，字博夫，幼有巢、许之节，放意林泉，不屑仕进，隐于青城山，自号"天国山人"。张令问博学善诗，常与杜光庭唱和，现存他的一首《寄杜光庭》：

试问中朝为宰相，何如林下作神仙。

一壶美酒一炉药，饱听松风白昼眠。

这首诗，可以说是杜光庭隐居青城山白云溪后生活的真实写照。

后唐长兴四年（933）十一月的一天早晨，杜光庭忽然对门人说："我昨晚做了一个梦，梦见天帝派我做岷山、峨眉山主司，已经在青城山为我建好了真宫，我该去了。"门人明白，先生大限已到，就要驾鹤西去了，不胜悲泣，涕泪涟涟。

杜光庭神态自若，身披法服，作礼辞天，升堂趺坐，俨然而化，终年八十四岁。

第5章

杜光庭对道教仙学的贡献

一、编纂《三洞藏》

唐代是道教发展的高峰时期，也是道藏编纂的鼎盛时期。

"藏"字的本义为储藏东西的地方，道教使用这个字专指储存道书的处所或容器。道士收藏经书，卷数较少的小册子多使用葫芦，卷数多的大卷经书则用箱箧、橱柜。一橱或一箱便是一藏。直到隋唐时期，"藏"仍指收藏道教典籍的箱柜。

作为道教经典的总集，"道藏"一词出现较晚。据可考的文献记载，始见于唐弘道元年（683）道士王悬河在成都所刻的《道藏经序碑》一文。此处的"道藏经"，近于今天所说的"道藏"。在唐代，也有人把"道藏"称为"一切道经"。

《道藏》并不是道教经典的简单汇集，而是按照一定的结构原则编纂起来的大型道教丛书。一般是按"三洞四辅"的分类原则编纂的。这种分类原则是由南朝道士陆修静创立的。"三洞"指洞真部、洞神部、洞玄部，"四辅"即太玄部、太平部、太清部、正一部。"三洞"是经，"四辅"是对三洞经文的辅助解释与补遗，太玄辅洞真，太平辅洞玄，太清辅洞神，正一则为以上各部的补充。"三洞"的每一洞又分为十二个部类（四辅不分类），合为三十六部。

道教总集的编纂，开始于南北朝时期，兴盛于唐代。唐高宗时，道士尹文操编纂过《道藏》七千三百卷，当时称为"玉纬"，这是道教徒称呼道教经集的专有名词。开元年间，唐玄宗亲自策划编纂《琼纲经目》，又称《三洞琼纲》，收道经七千三百卷；又编纂《玉纬别目》两千卷，专收记传疏论部分。《三洞琼纲》和《玉纬别目》，合称《开元道藏》，这是道教史上的第一部道藏。不久，安史之乱爆发，《开元道藏》多遭焚毁。战乱平息后，太清宫道士们奉诏重新搜集、缮写散乱的《开元道藏》。至唐文宗太和二年（828），只编集五千三百卷，其余仍不知去向。重新整理、编集《道藏》的任务落到了杜光庭的身上。

在天台山的四年，杜光庭主要致力于道经的搜集整理工作。《历世真仙体道通鉴》卷四〇说：事天台道士应夷节，常谓道法科教，自汉天师暨陆修静撰集以来，岁月绵邈，几将废坠，遂考辨真伪，条列始末，故天下羽褐，永受其赐。

奉诏入京，任"上都太清宫内供奉"后，杜光庭利用这一极为有利的条件，在两京广泛搜集散落的道经。在这期间，他又到蜀地访求道经与灵验故事，足迹遍历三蜀乃至均州一带。这是他编纂道藏的前期准备工作，《太上黄箓斋仪》中的大量道符都是这次在蜀地搜集的。

黄巢起义爆发，杜光庭陪侍僖宗入蜀避难，前期搜集的道经未及带走，在长安城中被战火焚毁。在成都期间，他除了代表僖宗进行斋醮仪式外，其余时间都用于道经的搜求、整理及道教著作的撰写上。

中和五年（885），黄巢起义平息，杜光庭随僖宗返京，把在成都这四年编撰的道教著作也带回了长安。回到长安后，杜光庭继续在京城附近搜求道经。收录于《全唐文》中的《东西女学洞记》，记录了杜光庭在"女学洞"搜集道教文献的经过。

"女学洞"在长安东北的富平县境内，有东西二洞，一名"东女学"，一名"西女学"。"东女学"洞口在悬崖峭壁之上，一般人可望而不可即。据说，每当深夜，就能听到洞内有读道经的声音。"西女学"下面有石梯通往洞口，洞内九曲十八弯，据说可通往蓬莱仙境。可惜，洞门坍塌，无法进入。除两个"女学洞"外，山顶还有一口天井，约四丈深处，有一个巨大的石龛，石龛内有数万卷道经散放在柏木板床上。床边有一石人，俯首凭案而坐，其状栩栩如生。此次探访，到底收获如何，杜光庭没有明说，但通过以上描述可以看出，杜光庭搜集道经的热情与艰辛。

从中和五年三月回到长安，到光启二年（886）正月再次逃离长安，这九个月的时间内，杜光庭搜集了大量道经，加上从成都带回来的，共有三千多卷。但还没来得及编目、整理，又陪僖宗逃离长安，三千多卷道经再次散落，杜光庭十分痛心。

从光启二年再次入蜀到出仕前蜀，这段时间是杜光庭最平静的日子，也是他编撰道经的黄金时期。天复元年（901），他编纂成《太上黄箓斋仪》《洞天福地岳渎名山记》《道德真经广圣义》三十卷。

出仕前蜀以后，杜光庭在繁忙的公务之余，仍不遗余力地搜集、编撰道经，如在平都山求得《太上洞玄灵宝素灵真符》，在天师翟乾佑处求得《太上洞玄灵宝素灵真符》等。除此之外，杜光庭把更多的精力用于仙道传记、道教谱录的编撰上，

《墉城集仙录》《神仙感遇传》《仙传拾遗》《录异记》《道教灵验记》《王氏神仙传》等都编成于这一时期。

杜光庭在《太上黄箓斋仪》中叙述自己一生访求道经的历程说："近属巨寇凌犯，大驾南巡，两都烟煤，六合榛棘。真宫道宇所在凋零，云笈琅函，十无三二。余属兹艰会，漂寓成都，扈跸还京，淹留未几，再为搜捃。备涉艰难，新旧经诰仅三千卷，未获编次。又属省方所得之经，寻亦亡坠。重游三蜀，更欲搜扬。累阻兵锋，未就前志。时大顺二年辛亥八月三日庚辰，成都玉局化阅省科教聊记云耳。"

自天台山入道以来，杜光庭一直把整理道经、编纂《三洞藏》作为自己生命的一个重要组成部分。现在，没有文献能证明《三洞藏》是何时编成的，也没有文献能证明《三洞藏》到底有多少卷。但有文献可以证明，天祐三年（906），杜光庭还把在平都山求得的《太上洞玄灵宝素灵真符》编入《三洞藏》；前蜀永平三年（913），任知玄曾出资雕印《道德真经广圣义》；已入垂暮之年的杜光庭，仍在为新刊刻的《太上洞渊神咒经》写序。这充分说明，《三洞藏》的编纂凝聚着杜光庭毕生的心血，生命不息，编藏不止。

二、神仙信仰

汉魏两晋是道教神仙谱系的初创时期，此时的神仙谱系还比较粗糙，如当时最活跃的五斗米道，也只有太上老君与天、地、水三官，再没有其他神灵。南北朝时期，道教大量创造神仙，但所造神仙庞杂不堪，漫无统序，令信众无所适从。

针对这种情况，南朝道士陶弘景作《真灵位业图》，编制出中国道教史上第一个神仙系谱图。此神谱把庞杂的神仙群体分成七大类，虽然分类仍比较混杂，但为后来的神谱编制奠定了基础。作为陶弘景的第八世传人，杜光庭的神仙系谱在很大程度上受到了他的影响。

三清尊神

杜光庭对道教神仙谱系的最大贡献，在于解决了以前各教派最高尊神不统一的问题，确立"三清尊神"为道教的最高崇拜对象。

南北朝以来，道教神仙系谱中存在一个致命的问题，即各派所尊奉的最高神不一致，如五斗米道（天师道）、楼观道奉太上老君为最高神，而上清派、灵宝派则奉元始天尊、灵宝天尊为最高神。这种情况，造成道教各派之间的矛盾，对道教的整体发展与传播极为不利。杜光庭决心解决这一矛盾。

杜光庭是依据道教的"三一"理论并仿照佛教的"三身"说来解决这一矛盾的。

道教认为，无名无形的"大道"能化生出"玄气""元气""始气"三气，这"三气"由于具有不同的作用，所以是"三"；但这"三气"又具有共同的本源，在本质上都是"道"，因此又是"一"。"用则分三，本则常一"。也就是说，从作用上看是"三"，从本质上看是"一"，因此三即一，一即三。这就是道教的"三一"理论。

佛教的"三身"说，在思维方式上与道教的"三一"理论很相似。佛教认为，佛有"法身""报身""应身"三身。"身"，即聚集之义，诸法聚集而成身。理法聚集而成"法身"，智法聚集而成"报身"，功德法聚集而成"应身"，一佛同时具三身，所以三身即是一佛。有些佛殿中供奉着"三身佛"，中尊是法身佛毗卢遮那佛，左尊为报身佛卢舍那佛，右尊为应身佛释迦牟尼佛。

杜光庭依据以上理论学说来解决道教的最高神问题。他把道教各派所奉的最高神糅合在一起，组成一个各派都能接受的最高神，这就是后来道教所共同尊奉的三位一体的最高神——"三清神"，即玉清元始天尊（也称玉清大帝）、上清灵宝天尊（也称太上大道君、上清大帝等）、太清道德天尊（也称太上老君、混元老君、太清大帝等）。

接着，杜光庭又以师徒关系来解释"三清神"之间的关系。

太上老君将要宣扬道教、化度众生时，心想："道不可无师尊，教不可无宗主。"于是，就尊灵宝天尊为师，灵宝天尊是元始天尊的弟子，这样，"三清神"之间的关系就成了师徒关系：太上老君是"道"的化身，灵宝天尊是"道气"之祖，是太上老君的老师，而元始天尊则为"道气"之根本，是太上老君的师祖。

为了突出老君的地位，杜光庭又说，元始天尊与灵宝天尊的任务只是讲经传道，而统管天上地下的实际任务则由太上老君一人来承担，因此世人格外尊崇太上老君。

这样解释"三清神"之间的关系，既调和了道教各派最高神不一致的矛盾，又突出了老君的地位，迎合了唐代尊奉老君的需要。杜光庭删定的《道门科范大全集》中，首次把元始天尊、灵宝天尊、太上老君并列起来，从而确立了"三清神"的地位。从此以后，道教宫观中普遍设立"三清殿"，殿上供奉着"三清神"——元始天尊居中，灵宝天尊居左，太上老君居右。因此，各地道教殿堂，也经常称为"三清观"。

除了确立"三清尊神"为道教的最高神外，杜光庭还在《道门科范大全集》各卷中列出其他各路神仙的次序。如卷一至卷三：玉皇、紫微大天帝、北斗九星君、三官、五帝、九府四司诸君、六十甲子本命星君、玄中大法师、三天大法师等；卷四至卷六：高上玉皇、三十六天帝、东华、南极、西灵、北真、玄中大法师、三天大法师、日月九曜、南辰北斗、三官、五帝、本命星君、东岳司命、名山洞府得道神仙、三界应感一切真灵等。其余各卷也大体如此，不再一一列举。

老君创世说

作为先秦道家学派的创始人，老子形象在漫长的历史长河中，是一个由人到神的演变过程。据《史记·老子申韩列传》载，老子为周代楚国苦县人，姓李，名耳，字聃，曾为周朝守藏史，因见周德日衰，退隐西游，不知所终。汉代，老子被道教尊为教主，并成为"道"的化身。五斗米道经书《老子想尔注》称老子："一散形为气，聚形为太上老君。"两晋南北朝时期，道士出于与僧人争夺民间信徒和皇室恩宠之目的，编造"老子化胡说"，称老子西行天竺，以礼乐教化胡人，并收佛教的创始人释迦牟尼为弟子。从东汉至隋，出现了形形色色的关于老子的传说，老子也由人一变为"道"，再变为神，成为神通广大、法力无边的道教教主。

在君主的大力支持下，唐代道教获得了极大发展，老子的教主地位也更加稳固。在这一背景下，杜光庭把各种有关老子的神话传说加以系统化，组成一个完整的关于老子创世、降生的神话故事。

遵照道教传统的说法，杜光庭也说，老君是"道"的化身，天地万物都是由老君所创造的。天地万物未创造之前，整个宇宙无光无象、无音无声、幽幽冥冥、恍恍惚惚，"大道"就运行于这一片混沌之中。"大道"真气凝结，便是太上老君。老君以虚无为体，以自然为性。老君开辟鸿蒙，运行"玄气""元气""始气"创造三十六天。

杜光庭之前，道教界有"三十二天"之说。这种说法把天分为三十二重，即欲界六天，色界十八天，无色界四天，种民四天，但没有说明这"三十二天"的来源。杜光庭在"三十二天说"的基础上，又加上三清境三天与大罗天，提出"三十六天"说。他又根据"道生万物"的宇宙创世理论，指出"三十六天"为老君所造。

按照杜光庭的说法，这三十六天分别是：太皇黄曾天、太明玉完天、清明何童天、玄胎平育天、元明文举天、七曜摩夷天，这六天合称欲界。虚无越衡天、太极蒙翳天、赤明和阳天、玄明恭华天、耀明宗飘天、竺落皇笳天、虚明堂曜天、观明端靖天、玄明恭庆天、太焕极瑶天、元载孔升天、太安皇崖天、显定极风天、始皇孝芒天、太黄翁重天、无思江由天、上揲阮乐天、无极昙誓天，这十八天合称色界。皓庭霄度天、渊通元洞天、翰宠妙成天、秀乐禁上天，这四天合称无色界。欲界、色界和无色界合称为三界，共计二十八天。三界之上又有"四种民天"：无上常融天，玉隆腾胜天，龙变梵度天，平育贾奕天。杜光庭又在此基础上加上"三清天"：大赤天、禹余天、清微天。最上一层为大罗天，它包罗诸天，至高无上，与"三清境"合称为"圣境四天"。"三界""四梵天""圣境四天"共计三十六天。

杜光庭又说，老君把三十六天创造完后，又用所剩下的凝重之阴气创造三十六地，地中又有三十六洞天。每天立一位天帝，每地立一位地皇，这七十二位君主都要服从太上老君的管制。老君又在天上悬挂日月星辰，在地上养育万物生灵，让日月更替，四季代谢，五行相生。天上地下，神怪人鬼，花鸟草木，山川河流，风雨雷电，无不属老君管辖。

老君降生说

老君平日住在高高的太清境太极宫中，因看到人间灾难深重，决定降生人间救民于水火。

殷周时期，有一个名叫李庆宾的道教徒，曾游遍全国的名山大川，一百多岁时，容貌还像少年一样。一日中午，李庆宾正在家里修炼道术，突然一条巨龙从天而降，他骑在龙背上飞上天去。李庆宾的儿子李灵飞，目睹了父亲白日飞升的奇异景象，大为感动，于是辞去官职，隐居深山，潜心修道。

老君在天上看到李氏父子对道教的虔诚，决定降临他家。于是，唤来玄妙玉女，命她下凡投胎到天水一个姓尹的人家。待玄妙玉女化成的尹氏女长大成人后，在老君授意的一名媒婆的说合下，嫁给了李灵飞。

一天，李灵飞之妻午睡，梦见天突然裂开一个大洞，很多仙女捧着一个类似太阳的金光闪闪的大圆球，从洞中走了出来。圆球越来越小，最后化作一颗五彩缤纷的宝珠，从天而降，正好落入灵飞妻的口中。醒来后，她发现自己有了身孕。

八十一年后，一百多岁的李灵飞已经升天，而他的妻子却仍然肌肤若冰雪，绰约若处子，所怀婴儿还没有出生。春末时节，草长莺飞，万紫千红，李灵飞家里祖传的一棵李子树也结满了果子，饱满的果实十分诱人。灵飞妻踮着脚尖，右手攀着李子树的枝条，伸出左手准备摘李子，突然一个婴儿从她的左腋下降生了！

一位玉女从天而降，把婴儿从他母亲身上接下来。九条巨龙口吐清水，为他洗去身上的污秽。此时，祥云满庭，众仙来集，日童散晖，月妃掷华！

奇怪的是，这个婴儿长得眉垂鬓，耳垂肩，须垂膝，发如雪。更奇怪的是，他刚从玉女怀中下来，就会走路。他向前走了九步，停了下来，左手指天，右手指地，说："天上天下，唯吾独尊。"然后，又指着李子树说："此吾姓也。"这个婴儿，姓李，名耳，字伯阳。他就是太上老君。

九天过去，婴儿就已经长到九尺高了，剑眉方口，仪态万方，颇有大圣之相。

生下老君之后，灵飞妻被尊称为"太一元君"，整日闭门潜修道教功法。一日，功法修成，元君唤来老君，把功法传授给他，又对他说："我马上就要回天宫去了，你留在人间，担任万化之主，负责化度众生。"交代完毕，天空响起悦耳的音乐，大片祥云从天而降，瞬间布满整个原野。成千上万的仙人骑着骏马从云中走来，后面跟着一辆花团锦簇、流光溢彩的宝车，这是迎接元君回天宫的仪仗队。元君与老君告别，乘车返回太清天宫。她走了以后，唐朝人仍尊称她为"先天太后"。

以上是杜光庭关于太上老君降生的描述，故事生动形象，充满奇特的想象，饱含浓浓的诗情画意，同时，这个故事也蕴含着道教济世安民的情怀，从而唤起世人对道教的真诚信仰。

代为国师说

除了"老君降生"说外，杜光庭还虚构了老君"代为国师"说。

为了化度众生，老君创造了三洞三十六部道经。洞真十二部，讲述天地造化，阴阳出没，九转还丹，金液炼形飞仙之道；洞玄十二部，讲述消灾治病，谢过祈禳，济度荐拔存亡之道；洞神十二部，讲述治国治家修身之道。老子要把这三十六部道经传给人间。

老君真身居住于太清境太极宫中，但常常分形化身到人间，传授道经，化度世人。

上三皇时，民风淳朴，老君于龙汉元年化身到尘世，号"玄中法师"，传授《上清经》十二部，以大乘之道度化众生。中三皇时，老君于赤明元年又降临尘世，号"有古先生"，传授《灵宝经》十二部，以中乘之法开化一切，救度世人。下三皇时，人心朴散，老君于开皇元年再次降临，号"金阙帝君"，传《洞神经》十二部，以小乘之法开度众生。

伏羲之时，老君于清浊元年降临人世，号"郁华子"。老君传授伏羲氏《元阳经》，教他画八卦，教他观测天文地理，并为人间制订婚丧嫁娶之礼及长幼尊卑等人伦秩序。

神农之时，人食禽兽，茹毛饮血。老君于清汉元年下界，号"大成子"，传授《太上元精经》，教人播百谷以代烹杀，和百药以治百病。于是，人间出现了五谷丰登的景象，人们不再吃禽兽，不再茹毛饮血，也不再遭受疾病的折磨。

祝融之时，人们还不知道用火，只能吃冷食。老君于天汉元年降临人间，号"广寿子"，传《按摩通精经》，教人如何取火用火，并教人们制作陶器，从此人间有了冷暖，不再吃冷食，寿命也延长了很多。

以后各代，老君都要分形化身到人间，以不同的名号，在不同的地点，向当时的君主传授道经。黄帝之时，号"广成子"，住崆峒山，向黄帝说《道戒经》，教以修身之道。颛顼时，号"赤精子"，居衡山，授颛顼《微言经》，教以忠顺之道。帝喾时，号"绿图子"，居江滨，授帝喾《黄庭经》，教以清和之道。唐尧时，号"务成子"，居姑射山，授尧《政事离合经》，教以廉谨之道。帝舜时，号"尹寿子"，居河阳，授舜《道德经》，教以孝悌之道。夏禹时，号"真行子"，居商山，授禹《戒德经》，教以勤俭之道；又授禹《灵宝五符》，教他驱动神鬼，浚九江，通河海，决百川。殷汤时，号"锡则子"，居潧山，授《长生经》，教以恭爱之道。

总之，三皇五帝时代，老君每代都要降临人间，传授道教经典，教人们生存、生活的本领——制礼乐以叙尊卑，造衣章以明贵贱，作宫室以代巢穴，为舟车以济不通，还帮人类创造文字，制定法律制度等。

三、道教仙境

在道教中，神仙居住的地方，称为仙境或胜境。关于道教仙境，古代的神仙家有各种各样的说法，有的说在天上，有的说在海中，有的说在山里。杜光庭的《洞天福地岳渎名山记》，把道教洞天福地的各种神话传说集中在一起，可以说是一部比较全面而又简要的道教地理集。他把道教仙境分为八类，即岳渎众山、中国五岳、十大洞天、五镇海渎、三十六靖庐、三十六洞天、七十二福地、灵化二十四。这里简要介绍岳渎众山、中国五岳、洞天福地三个概念。

岳渎众山

依杜光庭的说法，岳渎众山包括"天上仙山""天下五岳十山"和"海中十洲三岛"。

天上仙山在三十六天的最高层大罗天之中，以玄都玉京山为中心，四面诸山环绕。杜光庭说，天上仙山都是真气所化成，上面有琼楼玉宇，仙气缭绕，风光秀丽。这是道教三清大圣居住与游历的地方。

天下五岳十山以昆仑山为中心。五岳包括东岳广桑山，在东海中，由青帝统管；南岳长离山，在南海中，由赤帝统管；西岳丽农山，在西海中，由白帝统管；北岳广野山，在北海中，由黑帝统管；中岳昆仑山，在九海中，由黄帝统管。十山包括方壶山、扶桑山、蓬莱山、连石山、沃焦山、方丈山、钟山、员峤山、岱舆山、丰都山。

关于"十洲三岛"，杜光庭在《洞天福地岳渎名山记》中虽然提到这一说法，但实际上列了十一洲一岛的名称，这与《道藏》中托名西汉东方朔集的《十洲记》及《云笈七签》卷二六《十洲三岛》所记均有所不同。

"十洲三岛"是两组意义相似的道教仙境名称，它源于战国秦汉时期方士们关于"三神山"的传说。据《史记·封禅书》记载，燕国、齐国的方士盛传，渤海中有蓬莱、方丈和瀛洲三座神山，山上仙人住的宫阙都用黄金白银铸成，山上还藏有长生不老之药。齐威王、齐宣王、燕昭王和秦始皇先后派人入海访求，但都有去无回。

杜光庭列出以昆仑山为中心的十一洲一岛的名称。这"十一洲"分别是北海中的玄洲、东海中的瀛洲、东海中的穆洲、东海中的祖洲、大海中的元洲、巨海中的长洲、西海中的流洲、西海中的凤麟洲、西海中的聚窟洲、南海中的炎洲、西海中的生洲。"一岛"为大海中的沧海岛。这十一洲一岛，都在茫茫大海之中，面积从五百里至五万里不等，居住的都是神仙，世人是来不到这些地方的。这里盛产的不死草、还魂树、仙草灵药、甘液玉英，都是世间所没有的。

中国五岳

杜光庭在《洞天福地岳渎名山记》中详细描述了"中国五岳"，从而突出了"五岳"在道教中的地位。

东岳泰山，方圆二千里。罗浮山、括苍山为其佐命，蒙山、东山为其佐理。这里，"佐命""佐理"，都是辅助者的意思。东岳的岳神是天齐王，他统领着仙官、玉女九万人。

南岳衡山，方圆也是二千里，以霍山、潜山为储副，天台山、句曲山为佐理。"储副"，指国之副君，如《后汉纪·顺帝纪》说："太子，国之储副。"南岳的岳神是司天王，他统领仙官、玉女三万人。

中岳嵩山，方圆一千里，以少室山、武当山为佐命，太和山、陆浑山为佐理。中岳的岳神是中天王，他统领仙官、玉女十二万人，为五岳之主。

西岳华山，方圆二千里，以地肺山、女几山为佐命，西城山、青城山、峨眉山、嶓冢戎山、西玄具山为佐理。西岳的岳神是金天王，他领仙官、玉女七万人。

北岳恒山，方圆二千里，以河逢山、抱犊山为佐命，玄陇山、崆峒山、洛阳山为佐理。北岳的岳神是安天王，他统领仙官、玉女五万人。

五岳，以中岳嵩山为中心，其他四岳环绕四周，各岳周围又分别有众名山为佐命、佐理，从而形成"五朵莲花"簇拥神州的壮丽图景。五岳是封建帝王封禅祭祀的地方，更是他们受命于天，定鼎中原的象征。

洞天福地

　　"洞天福地"观念早在东晋以前就已经有了。编成于东晋的《道迹经》曾提到"十大洞天""地中洞天三十六所",该书还称引道书《福地志》和《孔丘福地》。可见那时也有了"福地"观念。"洞天"意思是说,山中有洞室,不但能贯通诸山,而且能通达上天。道教用"洞天"一词指神仙居住的名山胜境。"福地"是"得福之地"的意思,也就是说,居住此地可以受福度世,修成地仙。杜光庭《洞天福地岳渎名山记》列出"十大洞天""三十六小洞天"与"七十二福地"的名称。

　　"十大洞天"是:王屋洞,又称"小有清虚天";委羽洞,又称"大有虚明天";西城洞,又称"太玄总真天";西玄洞,又称"三玄极真天";青城洞,又称"宝仙九室天";赤城洞,又称"上玉清平天";罗浮洞,又称"朱明曜真天";句曲洞,又称"金坛华阳天";林屋洞,又称"左神幽虚天";括苍洞,又称"成德隐真天"。除名称外,杜光庭又详细地介绍了每大洞天的具体位置、面积的大小及统辖者的姓名。

　　"三十六小洞天"是相对于"十大洞天"而言的。这"三十六小洞天"的名称是:霍童山霍林洞天,太山蓬玄洞天,衡山朱陵洞天,华山总真洞天,常山总玄洞天,嵩山司真洞天,峨眉山虚陵太妙洞天,庐山洞虚咏真洞天,四明山丹山赤水洞天,会稽山极玄阳明洞天,方白山德玄洞天,西山天宝极玄洞天,大圜山好生上元洞天,潜山天柱司玄洞天,武夷山升真化玄洞天,鬼谷山贵玄思真洞天,华盖山容城太玉洞天,玉笥山太秀法乐洞天,盖竹山长耀宝光洞天,都峤山太上宝玄洞天,白石山秀乐长真洞天，句漏山玉阙宝圭洞天，九疑山湘真太虚洞天，洞阳山洞阳隐观洞天，幕阜山玄真太元洞天，大酉山大酉华妙洞天，金庭山金庭崇妙天洞天，麻姑山丹霞洞天，仙都山仙都祈仙洞天，青田山青田大鹤洞天，天柱山大涤玄盖洞天，钟山朱湖太生洞天，良常山良常方会洞天，桃源山白马玄光洞天，金华山金华洞元洞天，紫盖山紫玄洞盟洞天。杜光庭还分别指出这三十六小洞天的具体位置、面积大小及管辖者。

《洞天福地岳渎名山记》提到"七十二福地"概念，而实际上只列出七十一处，分别是地肺山、石磕山、东仙源、南田、玉琉山、青屿山、崆峒山、郁木坑、武当山、君山、桂源、灵墟、沃州、天姥岭、若耶溪、巫山、清远山、安山、马岭、鹅羊山、洞真坛、洞宫、玉清坛、洞灵源、陶山、烂柯山、龙虎山、勒溪、灵应山、白水源、金精山、阁皂山、始丰山、逍遥山、东白源、钵池、论山、毛公坛、九华山、桐柏山、平都山、绿萝山、章观山、抱犊山、大面山、虎溪、元晨山、马迹山、德山、鸡笼山、王峰、商谷、阳羡山、长白山、中条山、霍山、云山、四明山、缑氏山、临邛山、少室山、翠微山、大隐山、白鹿山、太若岩、嵊山、西白山、天印山、金城山、三皇井、沃壤。

司马承祯曾作《天地宫府图》，详细列举了"七十二福地"的名称及所在地。杜光庭的"七十二福地"说在名称、顺序及所在地等方面，都与司马承祯的说法有很大不同，可见他并不是一味承袭师说，而有自己独到的见解。这大概是他在继承司马承祯《天地宫府图》观点的基础上，又作了进一步的实地考察的结果，因此在道教史上有其独特的价值。

四、修道方法

一般来说，宗教总要有此岸世界与彼岸世界的划分，要让修行者相信：只要在此岸世界抱着真诚的信仰，好好修行，死后精神就会被超度到彼岸世界，享受荣华富贵。如佛教宣扬，只要信奉佛法，认真修行，肉体死亡后，精神就可超脱生死轮回，到西方极乐世界；基督教宣扬，在此世真心信奉耶稣基督，肉体死后，精神就可进入天堂。总之，作为一种宗教，必须要有肉体与精神，此岸与彼岸的区分，只有这样，才能免除承诺不能兑现的尴尬。

与佛教、基督教不同的是，中国早期道教——不论是主修符箓的符箓派，还是主修内外丹的丹鼎派——都以"长生成仙"为追求目标，都以肉体不死、肉体与精神共存为基本特征，因此它没有此岸与彼岸的划分。

道教的修炼方术名目繁多，炼丹术是其中最主要的方术之一。炼丹术有外丹与内丹之分，而在道教的早期，炼丹术专指外丹。外丹是以炉鼎烧炼丹砂、汞等矿物质，配制成药饵，做成"长生不死"的金丹。在中国，外丹滥觞于汉武帝时期。东汉魏伯阳著《周易参同契》，用阴阳论述金丹，被誉为"万古丹经王"。东晋葛洪著《抱朴子》一书，把外丹术推向一个新高度。南北朝时期，外丹术进一步发展，至唐代达到顶峰。

唐代道教外丹术十分发达，各种炼丹药方大量涌现，帝王将相、王公贵族、文人雅士服饵成风。服食金丹与长生不死之间的对应关系，只能停留于理论层面，一旦验之于现实，矛盾就暴露出来。

外丹术难以掌握。外丹多含有毒性，一些人长期服食金丹不但没能长生，反而中毒身亡。早在东汉末年，就有"服药求神仙，反被丹药误"的诗句。据清代赵翼《廿二史札记》卷一九《唐诸帝多饵丹药条》记载，唐代皇帝中，太宗、宪宗、穆宗、敬宗、武宗、宣宗等人的死都与服食金丹有关。普通士人更是不胜枚举。韩愈长兄的孙女婿、太学博士李子，因服丹药而死。韩愈为之撰《故太学博士李君墓志铭》，列数外丹术的弊害，对其进行猛烈批判。

唐代许多著名的文人也加入了服食金丹的行列，白居易在《思旧》中列举了韩愈、元稹、杜牧、崔元亮四位著名的文人，都由于服食金丹，落得"或疾或暴夭，悉不过中年"的可悲下场。

道教的修炼方式还有一种"服气"之术。"服气"又称"食气"，《淮南子》有"食气者神明而寿"之说。后来道教著作中有大量关于"食气长寿"的思想，"食气"遂成为道教的主要养生手段之一。唐代，随着道教的兴盛，出现了大量有关服气的理论与书籍。

道教认为，服元气就能化为元气，从而与道合一，这是一个返本还原的过程。与服食一样，服气也能导致人死亡，因而招致世人的批评。如柳宗元《与李睦州论服气书》一文，对服气现象进行猛烈批判。梁肃在《神仙传论》中也曾猛烈批判道教"化金以为丹，炼气以存身"的说法，认为这是与老子思想相违背的。

对服食、服气等修炼之术的怀疑，导致人们对道教信仰的怀疑。世外有没有神仙世界？修道能否成仙？道教要想生存与发展，就必须设法打消世人的疑虑。

一切众生皆有道性

虽然杜光庭是道教忠实的信仰者与坚定的宣扬者，但他并不回避很多人因服食金丹而中毒这一事实，甚至提醒那些服食者说："或饵金石，以毒其中……本欲希生，反之于死。"他对道教的其他修炼之术，诸如符箓、导引、行气等，也持审慎的态度。与一般道教徒相比，杜光庭少了一分狂热，多了几分理性。

杜光庭生活的晚唐时期，随着外丹中毒事件的屡屡发生，社会上弥漫着"金不可作，世不可度"的说法。这一说法既否定外丹的作用，又否定道教的存在价值。杜光庭在承认外丹具有毒性，告诫服食者要慎重的同时，也告诉修道者：不要因为外丹的失败，就认为道不可至，仙不可求，这是因噎废食。作为"道门领袖"，他既要考虑如何杜绝悲剧的发生，又要考虑如何打消人们对道教的怀疑。

为了打消世人对道教的疑虑，杜光庭提出"一切众生皆有道性"命题。他在《太上老君说常清静经注》中说：

> 道本自然，无所不入，十方诸天，莫不皆弘至道。普天之内，皆为造化。蠢动含生，皆有道性。若能明解，即名为得道者也。

"一切众生皆有道性"命题，是借鉴佛教"一切众生皆有佛性"而提出的。"佛性"即成佛的根据，同样，"道性"即成道的根据。上面这段话意思是说，世间一切众生都是禀受"道气"而生的，都先天具有成仙的可能性，只要真诚修行，方法得当，最终肯定能"得道成仙"。

既然"一切众生皆有道性"，那为什么有的人能成仙，而有的人不能呢？杜光庭在《太上老君说常清静经注》中作了明确的解释：

> 一切众生，不得真道者，皆为情染意动，妄有所思，思有所感。感者，感其情而妄动于意，意动于感而妄生于心，人若妄心不生，自然清静。又云，妄动者，亡也。皆亡失其道性，故逐境而感情妄动，其心固不得真道。

尽管每个人都先天具有"道性"，但有人的"道性"被后天的情尘欲垢掩蔽住了。在情欲的左右之下，生出无量的痴心妄想，于是"道性"便失去了，因而不能"得道成仙"。

杜光庭又用阴阳观念来论证"得道成仙"的可能性。他在《毛仙翁传》中说：

> 夫仙之上者，骨肉升飞，与天无极。又九天之上，无何之乡，为极阴之都，神仙之府也。世之得道者，炼阴而全阳，阴滓都尽，阳华独存，故能上宾于天，与道冥合，则黄帝驾龙而腾跃，子乔控鹤而飞翔，赤松乘雨而飘摇，列寇御风而上下，史简昭著，又何疑焉。

在以上这段话中，杜光庭说：九天之上、无何之乡，是神仙居住的地方，修道者只要把身体中的阴气排尽，剩下纯阳之身，就可飞升到这里，成为神仙。接着，他又用道教史书上关于黄帝、子乔、赤松、列寇等人得道成仙的传说来证明白日飞升是事实。

杜光庭还从"无为"原则出发，论证"得道成仙"的可能性。他说，天地之所以能长存，是因为"无为"，而人之所以会死，是因为"有为"。人的喜怒哀乐之情，是非取舍之心，都会耗费大量元气，气耗于内，神疲于外，气竭而形衰，形凋而神逝，于是死亡之神就降临了。人要想长生不死，就要效法天地的无为精神，顺任自然，与道为一。

"得道成仙"是修道者的终极目标，而在具体的修行过程中，要根据自己的具体条件来选择适当的方法。因此，杜光庭提出"仙道多途"的思想。他说："神仙之道百数，非一途所限，非一法所拘也。"即道教炼修的方法很多，修道者应该根据实际情况来选择适合自己的方法。

杜光庭在《墉城集仙录》一书中列举了大量修道的途径与方法。在《道德真经广圣义》卷三六中，他也说：

> 夫立功之义，盖亦多途。或拯溺扶危，济生度死，苟利于物，可以劝行；或内视养神，吐纳炼藏，服饵道引，猿经鸟伸，遗利忘名，退身让物，皆修道之初门也。既得其门，务在勤久，勤而能久，可以积其善功矣。

在这段话中，杜光庭把修道方法分为内外两方面：内以养生，外以度世。他既继承了传统道教"内视养神""遗利忘名"的养生思想，又强调道教"拯溺扶危，济生度死"的社会功能，主张既要自利也要利他。

内丹术的兴起

内丹，是相对于外丹而言的，它不是以外在炉鼎为工具，以丹砂、汞为药物，而是以"天人合一"思想为指导，以人体为鼎炉，以精气神为药物，在人体之内凝练结丹。尽管内丹术早在汉代魏伯阳《周易参同契》中就已经萌芽，在中唐也有一定程度的发展，而其真正形成则是在晚唐，杜光庭在这一过程中起到了非常重要的作用。

盛行数百年之久的外丹术，因无法兑现其美丽诺言而遭遇世人唾弃，为了弥补这一缺憾，杜光庭把道教修炼由外转向内，由炼丹转向修心。他提出"修道即修心"思想：

圣人设法教人，修道即修心也，修心即修道也。心无所着即无心可观，无心可观则无所用，无所修则凝然合道，故心无其心，乃为清静之道矣。

修道之人无须外求，只要破除自心之中对外在事物的执着，做到"无心"，即是"合道"，即是"得道成仙"。

上文说过，过去的道教都主张"肉体成仙"，但往往因其信誓旦旦的承诺难以在现实之中兑现而遭受世人怀疑，从而陷入尴尬境地。这也是佛教批评道教的"杀手锏"。每当佛道论辩旗鼓相当，难解难分之时，佛教总会拿出这把"杀手锏"，道教很快就败下阵来。杜光庭决心改变这一被动挨打的局面。

杜光庭明白，道教主张"成仙"，佛教主张"成佛"，两教在最终目标上是没有高下之分的，但两教在实现目标的途径上有很大区别。道教主张在现实生活之中肉体成仙，佛教主张肉体死亡之后精神成佛，道教的承诺是否兑现是要通过事实来验证的，而佛教的承诺是否兑现是无须用事实来验证的。因此，道教总是陷于被动之中。

找到问题的症结之后，解决问题就相对容易了。杜光庭提出"限尽而终，魂神受福"思想，也就是说，肉体死亡以后，灵魂成仙，这样就有了此岸与彼岸的划分，解决了道教长生不死的许诺与实际不能实现之间的矛盾，更符合一般宗教的基本特点。

卿希泰先生主编的《中国道教史》第二卷说：现在杜光庭明确倡导在生行善，死后成仙的说教，虽然在生行了善，死后能否成仙，仍无从证明，但却容易吸引那些相信灵魂不死的人，且又简便可行。这就更有利于道教的广泛传布和发展，从而也更有助于发挥劝善止恶，稳定社会秩序的功能。

杜光庭把"成仙"的许诺，由生前推迟到死后，一方面避免了在现实生活之中不能兑现的尴尬，另一方面又能引导世人终生做善事，从而充分发挥道教的社会教化功能。杜光庭在《道教灵验记》《神仙感遇传》《录异记》《墉城集仙录》等著作中，编集了大量积善成仙，善恶报应的神话故事，用生动形象的事例来宣扬这种思想，在当时起到了很好的劝善止恶、稳定社会秩序的作用。

杜光庭的"修道即修心"学说与"死后成仙"思想，促进了内丹术在晚唐五代的迅速发展。受此影响，许多道派开始对其信仰目标进行了一定程度的调整。如全真道抛弃"肉体不死"的说法，把"得道成仙"解释为"真性解脱"和"阳神升天"，把"长生不死"解释为"真性不死"，即精神不死。这一转变有效地解决了道教信仰与实践之间的矛盾，从而成为宋代以后道教仙学思想的主流。

五、清整斋醮科仪

斋醮是道教供斋醮神的一种宗教形式，俗称"道场"，其目的是为活者祈福消灾，为死者超度亡灵，基本方法是设坛摆供、焚香诵经、化符念咒，并配以灯光和音乐等程式。"斋醮科仪"指斋醮活动所依据的一定法规，有阳事与阴事之分，阳事称清醮，阴事称幽醮。清醮包括祈福谢恩、祛病延寿、祝国迎祥、祈晴祷雨、解厄禳灾、祝寿庆贺等法事活动；幽醮包括摄招亡魂、沐浴度桥、破狱破湖、炼度施食等法事活动。宫观道众每逢朔日（农历的每月初一）、望日（农历的每月十五），以及祖师圣诞等重要节日，都要举行庆典活动，这些常行的仪规也称为斋醮科仪。

在中国道教史上，杜光庭与陆修静、张万福并称"科教三师"。他们对道教斋醮科仪的建立与发展各有贡献，但杜光庭则可以说是集大成者。他将道教主要道派的斋醮仪式加以统一并使之规范化，集唐代道教斋醮科仪之大全。具体而言，杜光庭对道教斋醮科仪的贡献主要表现在以下几方面。

编撰斋醮文献

道教斋醮科仪源于中国古代的祈祷仪式，早在《礼记》《易经》等典籍中，就有"斋戒""醮""坛"等说法。东汉道教初创时期，斋醮仪式比较简单，如五斗米道只有"涂炭斋""指教斋"等少数斋仪。南北朝时期，陆修静改革南方天师道，撰写斋醮科仪著作百余卷，制定了"六斋""九斋""十二斋"等不同斋仪，并创作了多种斋醮音乐。这时，斋醮科仪逐渐定型并走向完善。陆修静之后，唐玄宗时期的道士张万福，再次大量编撰道教斋醮科仪，其科仪著作留传至今者近十种，有《传授三洞经戒法箓略说》二卷、《无上黄箓大斋立成仪》五十七卷、《洞玄灵宝道士受三洞经诫法箓择日历》一卷等等。

陆修静、张万福之后，对道教斋醮科仪贡献最大的当数杜光庭。杜光庭生活的年代，距离陆修静生活的南朝刘宋时期已经十分久远，经陆修静编撰的道教斋醮科仪文献几乎散落殆尽，张万福编撰的斋醮科仪经过安史之乱的破坏也已经七零八落。因此，晚唐道教科仪极不规范，甚至有些主持斋醮的年长道士连基本的规则都不懂，整个道教斋醮仪式陷于一片混乱之中。目睹这些现象，杜光庭十分忧虑，决心重新修订道教斋醮仪式，这首先就要从文献的整理做起。

早在长安时期，杜光庭就利用自己"身居翰苑"的有利条件，广搜道经，考订真伪，条列始末，终于把"几将废坠"的道门斋醮科仪整理了出来。到蜀地后，杜光庭一边广泛主持各种斋醮活动，一边撰集修订斋醮科仪。

杜光庭搜集、整理、删定、编纂的斋醮文献有多种，仅《正统道藏》就保留了十几种，近二百卷。对后世影响最大的《太上黄箓斋仪》五十八卷，始编于长安，完成于成都，前后花了二十多年的时间。除此之外，还有《太上正一阅箓仪》《洞神三皇七十二君斋方忏仪》《道门科范大全集》等科醮书多种。经过杜光庭的努力，唐代道教斋醮文献基本完备。

斋醮合一

杜光庭对道教传统的斋醮科仪进行了改革。他把"斋"分为"祭祀之斋"与"心斋"，前者是人通过供献物品来祈求神灵保佑，属"外斋"，后者则是通过"清涤思虑"来实现人与神的交感，属"内斋"，因此两者是不同的。

杜光庭在继承前人斋法的基础上，把"外斋"分为"三箓七品"。"三箓"指金箓斋、玉箓斋、黄箓斋；"七品"指三皇斋、自然斋、上清斋、指教斋、涂炭斋、明真斋、三元斋。这"三箓七品"斋法各有不同的意义，如金箓斋"上消天灾，保镇帝王"，玉箓斋"救度人民，请福谢过"，黄箓斋"下拔地狱九幽之苦"。

杜光庭认为，斋仪的目的在于使信徒身心明净，从而实现与神灵的沟通，因此光行"祭祀之斋"是远远不够的，还必须行"心斋"，只有心地诚明才能与神相沟通。杜光庭对"斋"之意义的阐发，强调斋醮科仪中信仰的虔诚、行为的洁净与心地的诚明，目的在于加强斋醮科仪对人身心的约束作用，从而提升了道教斋醮科仪的内涵。

在中国道教中，"醮"的名目很多，大凡世人有所需就会有相应的醮名，如祈雨时就要行"祈雨九龙醮"。杜光庭对"醮"的种类也作了重新阐述。他把"醮法"分为十大类：一是太平清醮，也叫罗天大醮，用于普祭众神，祈求平安，赐福降吉；二是功德醮，用于思念长辈的功德；三是寿醮，用于祝寿；四是火醮，用于防火、灭火、退火；五是虫醮，用于防治侵食庄稼的害虫；六是万门醮，即一个村或一个镇集体做的平安醮；七是五雷醮，即被雷击后举行的醮仪；八是保福醮，用于求福、求寿；九是瘟疫醮，用于防治瘟疫；十是谱醮，即修宗谱时为全族人所进行的祈祷。其他还有祈晴、求雨、春祈、秋报等醮仪。

在杜光庭之前的道教中，"斋"与"醮"本是两种不同的祭祷活动。"斋"即斋戒，指在祭祀前沐浴更衣，素食清心，以示祭者之庄诚。醮的原意是祭，即祭祷，通过一定的仪式实现人与神灵的交感。斋是一种身心清整过程，醮则是一种祭祷活动；斋法注重心理，醮法注重仪式；斋法讲究严修，醮仪要求竭诚。这就是所谓"斋有法，醮有仪"，两者有不同的程序与礼仪。

杜光庭改变前人"斋仪"与"醮仪"分离的做法，把"斋仪"与"醮仪"同坛举行。他在"黄箓斋仪"进行完毕后，又增加"谢恩醮"。"谢恩醮"主要是对斋事活动中所调动的各路神灵进行致谢酬恩。谢恩醮的最大特点就是铺设醮位醮席，备办醮筵，迎请三界十方圣真降临醮座，享受醮筵。杜光庭"谢恩醮"的增设，使道教的斋法、醮仪融为一体。斋用于降真致神，醮用以酬谢致恩，斋醮同坛举行，斋法和醮仪交互使用，使道教斋醮科仪内容更为丰富，程式更加完备。斋后设醮，成为杜光庭之后道教科仪的新规则。

杜光庭还在"斋仪"与"醮仪"同坛举行的实践基础上，进一步提出"斋醮合一"说。他说："后世道家设醮而谓之斋。"这其实就是说，醮即是斋，斋与醮无所谓分别。杜光庭之后，道教不再严格区分"斋"与"醮"，而是用"斋醮"一词泛称道教的祭祀仪式。

制定道场戒约

杜光庭提倡"先戒而后斋"。他提出"七戒"：一是不得杀害；二是不得嗜酒；三是不得生叛背心、言不忠直；四是不得无孝顺心，违逆父母；五是常行慈心；六是不得诽谤三宝及有道师尊，乃至在家出家一切道像；七是道场之中，常当恭敬，不得懈怠等。

杜光庭又在《北斗延生醮说戒仪》中提出"道场十戒"：不得傲忽圣真，不得轻慢经文，不得诽谤法门，不得触秽道场，不得放纵身心，不得竞争财利，不得减省法事，不得退转道心，不得错误章奏，不得扰乱形神。

无论是"七戒"，还是"十戒"，其核心内容都无外乎两方面：一是强调对道教的虔诚，二是强调对道德的恪守。斋醮科仪中的"持戒"，既是"得道成仙"的根本保证，又是导人向善的基本手段，行斋者通过"斋洁心神，清除思虑"，从而把道教信仰与道德行为融为一体。

"十愿"

从陆修静到张万福，道教斋醮科仪都十分重视济度众生的思想，杜光庭在此基础上更把这一思想发扬光大。他在《太上黄箓斋仪》中提出著名的"十愿"：一愿大道流行，普天怀德；二愿一切有生，咸皆悟道；三愿九夜悲魂，一时解脱；四愿孤魂无依，咸得受生；五愿天下太平，五谷丰熟；六愿臣忠子孝，君仁父慈；七愿四海通同，冤亲和释；八愿潜胞处卵，咸得生成；九愿积疾新疴，旋即痊愈；十愿孤露众生，丰衣足食。

杜光庭提出的这"十愿"，希望通过黄箓斋来解决信众的生死问题，既适合于皇室，又适用于百姓，能满足社会各阶层人士的心理需要，被视为度人之上品。

斋醮仪式的艺术化

早在北魏时期，道士寇谦之改革北方天师道，改诵经"直诵"为"音诵"，在斋醮诵经中增加了音乐成分，但此后斋醮仪式的艺术化并没有得到很大发展，直到杜光庭的出现，这种局面才被彻底打破。

杜光庭主张在宗教仪式中加入音乐、舞蹈、诗歌、造型等艺术形式，以此渲染宗教气氛，调动宗教感情，激发宗教体验。他对斋醮仪式中的经颂、诗歌、青词、步虚、旋转、散花等活动都有明确的要求，在其中都融入了大量艺术的成分。

杜光庭一生撰写了数百篇斋醮词，内容可谓五花八门，有本命醮词、九星醮词、安全醮词、八节醮词、三皇醮词、周天醮词、谢土地醮词、还愿醮词等。这些醮词，既表达了道教的基本信仰，又烘托出道场庄严神秘的气氛，而且文辞典雅、修辞规范、意蕴丰富，具有很强的文学性与艺术性，大大提升了斋醮科仪的文化品位。

　　杜光庭对道教斋醮科仪的清整，对后世产生了极为重要的影响。南宋道士吕太古《道门通教必用集》卷一《杜天师传》说："道门科教，自汉天师、陆修静撰集以来，岁久废坠，乃考真伪，条列始末，故天下羽镯，至今遵行。"金允中《上清灵宝大法·总序》说："至唐广成先生杜君光庭，遂按经浩，修成《黄箓斋科》四十卷。由是科条大备，典格具彰，跨古越今，以成轨范。"宁全真《上清灵宝大法》卷五四说："其科文严整，典式条畅，发明古则，昭示方来，斋法至此不可有加矣。"从以上诸人对杜光庭的评价，可以看出他对道教斋醮科仪所作的杰出贡献。杜光庭把道教斋醮科仪推向系统化、规范化，而斋醮科仪的完备恰是道教教义思想成熟的标志。

第 6 章

杜光庭对道教哲学的贡献

一、"老学"的集大成者

从战国末年至唐，出现了大量关于《老子》的注释著作，形成了一种专门的学问——"老学"。在"老学"的发展过程中，形成了不同的学派，有的讲理身之道，有的讲事理因果之道，有的讲重玄之道，可谓异彩纷呈，姿态万千。杜光庭身兼宗教家与思想家双重身份，在充分吸收前人思想的基础上，分别从宗教信仰与哲学思想两方面诠释《老子》，并努力调和两者之间的矛盾，使两方面相得益彰，圆融无碍，从而成为唐代"老学"的集大成者。

老子与《道德经》

关于《老子》一书的作者"老子"，《史记·老子申韩列传》提出三种观点：一是春秋时期的李耳，又名老聃；二是春秋时期的老莱子；三是战国时期的太史儋。司马迁处理史实的原则是"有信传信，有疑传疑"，虽然他倾向于李耳，但仍把其他两种说法也写在《史记》中，为了相区别，他又在"老莱子""太史儋"两名字前加上"或曰"二字，以表示怀疑。

学术界一般赞成第一种说法，认为《老子》的作者是楚国苦县（一说安徽涡阳，一说河南鹿邑）的李耳，但也有人认为《老子》应该写成于战国时期，作者应该是太史儋。1993年，在湖北郭店出土了战国中前期的楚简《老子》，说明《老子》肯定成书于战国之前，第一种观点大体是可信的。

在前面我们也提到，老子是掌管周朝文献典籍的史官，后失官，于归乡途中，出函谷关，在同乡守关长官尹喜处小住。尹喜也是一位饱学之士。《史记集解》有材料说，尹喜"善内学星宿"，曾著《关令子》一书。老子与尹喜两人相见甚欢，大谈宇宙、社会、人生问题。老子又在尹喜的再三请求之下，把其主要思想写成一本小册子，命名为《老子》。

《老子》共八十一章，约五千字，分上、下两篇，前三十七章为上篇，后四十四章为下篇。上篇起首为"道可道，非常道；名可名，非常名"，因此称为《道经》；下篇起首为"上德不德，是以有德；下德不失德，是以无德"，因此称为《德经》。《道经》主要是谈宇宙的本原问题，《德经》主要是谈社会、人生问题。因此《老子》又称《道德经》。

《老子》是一部哲理性很强的著作，其整个哲学思想体系都是以"道"为基础而建立起来的，"道"是老子思想的最高范畴。老子哲学思想的核心是"自然无为"。老子认为，"道"是宇宙万物的本原，又是万物运行的总规律。"道"视之不见其形，听之不闻其声，恍恍惚惚，不可名言，所以是"无"；"道"又能创生万物，所以它又是"有"。"道"是"无"与"有"的统一。"道"按其自身的规律——"返"，自然而然地运行。"道"的根本属性是"自然无为"。作为"道"的产物，人当然要效法"道"，要以"自然无为"作为人生的最高准则，这种人生准则表现在政治上就是"无为而治"。

汉武帝以后，黄老道兴盛，神仙长生思想流行。由于《老子》一书中也有一些养生与神秘说教的内容，如"谷神不死""长生久视"等，于是老子开始被神化。《老子》一书开始被宗教化。东汉河上公著《老子章句》，首先从宗教角度阐发《老子》思想，把它作为治国理身和修养成仙的理论依据。东汉后期，《老子》被奉为道教经典，老子其人也被神话为"太上老君"。

经魏晋南北朝至唐代，道士注解《老子》的著作更如雨后春笋般地涌现。虽然这些《老子》注本，因时代与注者个人的差异而呈现出不同特点，但其基本出发点都是一致的，即将《老子》宗教化，从中挖掘与道教相通的内容，从而把它作为道教的理论根据。

杜光庭的"老学"成就

唐代，老子被皇帝视为"本家"，《老子》一书也被诏封为"道德真经"。唐玄宗写《道德经注》一书，对《老子》思想进行解释，重点发挥其"治国理身"思想。杜光庭在唐玄宗《道德经注》的基础上，作进一步的解释与发挥，而写成《道德真经广圣义》一书，该书是杜光庭"老学"方面的代表性著作。

《道德真经广圣义》原三十卷，后收入《道藏》被分成五十卷。第一卷《叙经大意解疏序引》，将《道德经》的主题分为三十八条。第二卷从宗教立场出发，神话老子，叙述老子降生的神话故事，从而确立了道教的"老君信仰"。第三卷至第五十卷，是对《道德经》及唐玄宗注疏的解释与补充，方法是：先抄录《道德经》原文，再抄录唐玄宗的注与疏，最后列出自己的释义。杜光庭在此书中较为周密地阐述了自己的宇宙观、心性论、重玄学、经国理身等哲学思想，大大提高了道教的理论水平。

杜光庭在《道德真经广圣义序》中，较为详细地研究了历代《老子》的注疏本。《老子》成书后，从战国末的韩非子起，注家蜂起，形成了很多注本。历代注家因时代风尚、个人喜好不同而各有侧重、各具特色。有的视之为君人南面之术，有的视之为兵书，有的则视之为养生之道，致使《老子》注本千姿百态，不胜枚举。对这些注本加以整理、研究，从中可以看出各个时代"老学"的真实状况，这是一项十分重要的工作。在这方面，杜光庭花费了大量心血。

杜光庭在《道德真经广圣义序》中，列举了六十多家《道德经》注疏本，并对各家注本的不同宗旨与特点作了具体分析。这六十多种注本的作者，有的是儒生，有的是道士，有的是和尚，有的是隐士，有的是官吏，有的甚至是帝王。从这些注本可以看出晚唐以前"老学"的大致脉络。杜光庭提到的注本，有的已经失传，这里是唯一的记载，因此是一份十分珍贵的"老学"研究文献，为宋代以后的"老学"爱好者不断引用。

杜光庭在《道德真经广圣义》第一卷中将《道德经》的主题分为三十八类，卿希泰主编的《中国道教史》（第二卷）将其总结如下：

第一，教以无为理国；

第二，教以修道于天下；

第三，教以道理国；

第四，教以无事法天；

第五，教不以尊高轻天下；

第六，教不尚贤，不贵宝；

第七，教化人以无事无欲；

第八，教以等观庶物，不滞功名；

第九，教以无执无滞；

第十，教以谦下为基；

第十一，教诸侯以正理国；

第十二，教诸侯政无苛暴；

第十三，教诸侯以道佐天子，不尚武功；

第十四，教诸侯守道化人；

第十五，教诸侯不玩兵黩武；

第十六，教诸侯不尚淫奢，轻徭薄赋以养于人；

第十七，教诸侯权器不可以示人；

第十八，教以理国理身尊行三宝（一曰慈，二曰俭，三曰不敢为天下先）；

第十九，教人修身，曲己则全，守柔则胜；

第二十，教人理身，无为无欲；

第二十一，教人理身，保道养气，以全其生；

第二十二，教人理身，崇善去恶；

第二十三，教人理身，积德为本；

第二十四，教人理身，勤志于道；

第二十五，教人理身，忘弃功名，不耽俗学；

第二十六，教人理身，不贪世利；

第二十七，教人理身，外绝浮竞，不玄己能；

第二十八，教人理身，不务荣宠；

第二十九，教人理身，寡知慎言；

第三十，教出家之人，道与俗反；

第三十一，教人出家，养神则不死；

第三十二，教人体命，善寿不亡；

第三十三，教人修身，外身而无为；

第三十四，教人理心，虚心而会道；

第三十五，教人处世，和光于物；

第三十六，教人理身，绝除嗜欲，畏惧谦光；

第三十七，教人裒（póu）多益寡（取有余补不足）；

第三十八，教人体道修身，必获其报。

以上三十八条中，除了第三十一条"教人出家，养神则不死"，三十二条"教人体命，善寿不亡"涉及道教神仙内容外，其余都是"治身理国"之道，可见他是有意把"道教信仰"与道教哲学分开的，期望通过注解《道德经》，从中挖掘出"治身理国"的哲学思想。

杜光庭还立足于当时社会现实的需要，创造性地解释《道德经》。

中唐以后，藩镇割据局面十分严重，各藩镇依恃强大的军事力量不服朝命。黄巢起义平定以后，僖宗回到京城，整个长安城荆棘满城，狐兔纵横。京师之外，李昌符据凤翔，王重荣据蒲、陕，秦彦据宣歙，刘汉宏据浙东，个个自擅兵赋，迭相吞噬，根本不把朝廷放在眼里。朝廷所能控制的地区只有河西、山南、剑南等十来个州，整个唐王朝已呈尾大不掉之势。

针对这一局面，杜光庭创造性地从《道德经》中提取出"教诸侯"主题："教诸侯以正理国"；"教诸侯政无苛暴"；"教诸侯以道佐天子，不尚武功"；"教诸侯不尚淫奢，轻徭薄赋以养于人"。他试图通过这一方式，来规劝各藩镇首领放弃武力，拥护中央，轻徭薄赋，勤政爱民。但在当时，这只能是一个美好的、不切实际的愿望。

信仰与学术之间

杜光庭既是一位道教领袖，又是一位思想家。因此，他对《老子》的解释，既有宗教信仰的一面，又有思想学术的一面。这两方面有时候是相互矛盾的，他尽量调和两者之间的矛盾，使两方面相得益彰，圆融无碍。

根据司马迁的《史记·老子申韩列传》与郭店出土的战国竹简等材料，可以大致断定《老子》成书于春秋末期或战国初期。这是从学术角度而言的，但从道教信仰角度而言，这个成书时间是远远不能满足道教发展之需要的。

唐代道教与佛教，为了争取皇帝的恩宠与尽可能多的信众，在多方面展开激烈争斗，其中谁产生的更早是双方争斗的主要内容之一。双方都把自己产生的时间尽量提前，编造种种神话传说，以期压倒对方。道教徒为了神话老子，编造了种种关于老子及《道德经》的传说。杜光庭在《道德真经广圣义》卷五《说经时节》里，列举了几种，并提出了自己的观点。

杜光庭首先引用魏晋时期道教徒的说法。黄帝时，老君降世，号"广成子"，为黄帝讲《道德经》；舜帝时，老君再次降世，号"尹寿子"，老君向舜传授《道德经》，教他孝悌之道，于是舜按照老君的意旨，尊道贵德，恭身退让，使天下大治。

作为道教信仰者，杜光庭赞成以上说法，并加以"学术"上的论证。他提出两条证据。一是河上公向汉文帝传授《老子章句》。西汉时期，河上公向文帝传授《老子章句》时说："我注释《道德经》至今已经一千七百多年了，曾传授过三个人，现在加上你，共四人。"杜光庭根据这一"事实"，从汉文帝向前推一千七百年，正好是舜帝时期，从而得出结论——《道德经》

成书于黄帝时，而河上公注释该书则始于舜帝时。二是《黄帝书》中有"谷神不死，是谓玄牝"两句，这两句恰来自《老子》第六章，杜光庭由此得出结论——黄帝确实读过《老子》。这种论证从逻辑上来说是成立的，但由于论据是不真实的，因此得出的结论当然不可能真实。这完全是出于宗教信仰的需要。

作为"道教领袖"，杜光庭主张《道德经》成书于黄帝时期，而作为思想家，杜光庭又不能否认司马迁的说法，他如何调和两者之间的矛盾呢？

杜光庭在《道德真经广圣义》卷五中又引用了司马迁的说法，说老子向尹喜传授《道德经》之事。杜光庭说，这也是事实，而且与"黄帝成书"说并不矛盾。他引用道书《珠韬玉扎》说，太上老君曾四次降临人间，两次传授《道德经》，一次是传给舜，另一次是传给尹喜，这样就解决了道教传说与历史记载之间的矛盾问题。

二、宇宙论

宇宙论是一个哲学术语，它译自英文"Cosmology"。宇宙论是关于宇宙的学说，它探讨宇宙的起源以及人类在宇宙中的地位等问题。虽然宇宙论作为一个哲学范畴来自西方，且出现较晚，但中国哲学早在先秦时期就已经开始探讨宇宙问题了，因此可以说那时就已经有宇宙论了。

关于杜光庭的宇宙论，孙亦平先生说：杜光庭的宇宙论中也表现出了两条不同的线索：一是从神学上提出带有神谕启示特点的宇宙神创说，以彰显"道"的主宰性、神圣性与超越性；二是从哲学上建构了以"道气"为本的宇宙生成论，力图对宇宙世界以及人的生存作出一个根本性的解释，从而为人的修道实践提供依据。这两条线索相互交涉，共同构成了杜光庭的宇宙观的基本特色。

她把杜光庭的宇宙论分为两条线索：一是神学上的宇宙神创论；二是哲学上的宇宙生成论。关于杜光庭的"宇宙神创论"，在第五章就已经介绍过了。他正是利用"宇宙神创说"来确立其道教神仙信仰体系的。下面将从哲学角度介绍杜光庭的宇宙生成论。

杜光庭的宇宙生成论是通过诠释《老子》来建构的，所以有必要先简单介绍一下老子的宇宙论。老子提出"道"为万物的本原。《老子》说：道为"象帝之先"；"天法道，道法自然"；"天地不仁，以万物为刍狗"。这就是说，"道"存在于天地万物产生之前，天地为"道"所生，并效法"道"的自然精神；天地本身并没有意识，它只是像"道"那样自然而然地运行着。老子之前，中国古人都相信天就是上帝，认为上帝创造并主宰万物。老子的"道"本原论破除了以前的"宇宙神创说"，取消了上帝的创世专利，因此具有浓厚的无神论倾向。老子的这一思想对杜光庭的哲学思想产生了十分重要的影响。

作为"道门领袖"，杜光庭当然不能否定道教的"宇宙神创说"。他继承道教传统，把老子神化为"太上老君"，并编造了优美动听的"老子降生说"；另一方面，作为一位伟大的哲学家，他又从哲学的高度阐述其宇宙生成论。

在哲学上，杜光庭把"道"解释为"虚无之气"。他说：

> 道者，虚无之气也，混沌之宗，乾坤之祖，能有能无，包罗天地。道本无形，莫之能名，无形之形，是谓真形；无象之象，是谓真象。先天地而不为老，无形而自彰，无象而自立，无为而自化。

杜光庭说，道作为天地之本原、万物之始祖，虽然无名无姓，无形无象，但并不是绝对的虚无，它其实是一种"虚无之气"。"道"与"气"的关系是："道"是"气"的本质，"气"是"道"的表现。"道"是通过"气"来化生天地万物的，五彩缤纷的世界都是这"虚无之气"化生的。杜光庭又进一步说："始气"化为"天"，"玄气"化为"地"，"元气"化为"人"。由天地人三者进而衍生万物。由于"道"的本质是通过"气"表现出来的，因而杜光庭常将"道"与"气"合称为"道气"。

既然万物都是由"道气"化生的，为什么万物不是同一个样子，而是千差万别的呢？对这个问题，杜光庭也作了明确解答。"道"是事物变化的根据，"气"是按照道的法则来变化的。道是统一的、无差别的，气则是多种多样的，因此宇宙万物既统一于道，又表现出五彩缤纷、千差万别的形状。

三、修身理国

在《道德真经广圣义》中，杜光庭评价唐玄宗的《道德经注》说："内则修身之本，囊括无遗；外即理国之方，洪纤毕举。"唐玄宗注释《道德经》，特别突出其"修身理国"思想，这一点为杜光庭特别推崇。

杜光庭把《道德经》的根本宗旨概括为"修身理国"。他认为《道德经》的三十八类主题都是围绕着这个宗旨展开的。"修身"，指通过修身养性而达到与道合一的境界；"理国"，指发挥道教的社会作用，从而帮助帝王治理好国家。这两项任务，都是通过"修心"来完成的。杜光庭说："清静则国泰身安，无为则道成人化。"他认为，"修身理国"的关键在于内心要做到"清静无为"。

杜光庭进而具体阐述了如何通过"清静无为"来"修心理国"。他说，人禀"道"而生，从"道"那里获得的本性是清静的，是纯净无染的，但在后天的成长过程中，人本来的清静之心被外界的情尘欲诟所污染，于是拼命追求欲望的满足，从而陷入种种烦恼与痛苦之中难以自拔。

这里，杜光庭较为深刻地揭示了人生痛苦的总根源，这是对庄子思想的继承与发挥。庄子在《齐物论》中描述人的一生说："与物相刃相靡，其行进如驰，而莫之能止。"人来到这个世界上，心灵被各种欲望裹得严严实实，一个欲望刚满足，另一个欲望又继之而起，欲望得到满足则大喜，得不到满足则大悲，心灵就这样被外物牵引着，想停也停不下来，得不到片刻的安宁。正如苏轼《临江仙·夜归临皋》所说："常恨此身非吾有，何时忘却营营?"

为了消除各种欲望所带来的痛苦，杜光庭提出以"修心"来制约情欲，从而复归于"道"。"修心"的根本方法是"去欲""守静"。杜光庭说："剪去欲心，心照清静，则无疵病。"扫除人心中的情尘欲诟，复归于清静本性，从而达到与"道"合一的境界。

杜光庭说，"修心"的方法，除了"守静"外，还要"为善"。道教宣扬"好人命长，恶人命短"思想，劝人从善弃恶。杜光庭把人"心"分为两个层次：一是性，二是情。性是人先天禀"道"而形成的，是善的；情是人后天习染而成的，是恶的，是人"得道成仙"的最大障碍。人的先天之"性"，常常被后天之"情"遮蔽，从而做出很多恶事。因此，人"心"既是万善之源，也是万恶之源，为善弃恶都要从"心"上开始。

杜光庭强调"修身",并不是主张隐居深山老林,过着与世隔绝的生活,而是主张把"修身"与"理国"结合起来。儒家经典《大学》提出"修齐治平"的人生理想,即修身、齐家、治国、平天下,这是一个由小到大、由个人到天下的过程。与此相近,杜光庭也认为由"修身"可以扩大到"理国"。他说,通过修身而与"道"合一,身既有"道",家庭必然和睦,必然会父慈子孝、兄友弟恭、夫信妇贞、上下和睦。如果每一个家庭都能和睦相处,那么全村人相互之间就会以礼相待,再进一步扩大,整个国家就会出现"君信臣忠,境内无虞"的大好局面,这样也就天下太平了。可见,"修身"与"理国"是紧密相连的。

为了从理论上证明"修身"与"理国"是相通的,杜光庭提出"身国同构"论。他说:

> 夫一人之身,一国之象也。胃腹之位犹宫室也,四肢之别犹郊境也,骨节之分犹百官也,神犹君也,血犹臣也,气犹民也。知理身则知理国矣。爱其民所以安国也,吝其气所以全身也。民散则国亡,气竭则身死,亡者不可存,死者不可生,所以至人销未起之患,理未病之疾,气难养而易浊,民难聚而易散,理之于无事之前,勿追之于既逝之后。

在这段话中,杜光庭把人体的器官与国家的机构一一比附:人之胃腹相当于国之宫室,人之四肢相当于国之郊境,人之骨节相当于国之百官,人之神相当于国之君,人之血相当于国之臣,人之气相当于国之民。因此,"身"与"国"是相通的,这就是"身国同构"。这种比喻无疑只是一种穿凿附会,但也有其合理的一面。

"修身"与"治国"的确在不少方面是相通的。杜光庭说:

人只有正其气才能全其身，同样，国君只有爱其民才能安其国；相反，气竭则人死，民散则国亡，国亡不可存，人死不可生，所以修身与治国都要防患于未然，要理之于无事之前，不要追之于既逝之后。所以，杜光庭说："知理身则知理国。"

立足于"身国同构"理论，杜光庭进而提出"无为理国"的主张。他说："理国执无为之道，民复朴而还淳，理身执无为之行，则神全而气王，气王者延年，神全者升玄，理国修身之要也。"理国与修身一样，都要遵循"无为"的原则。一个人如果能按照"无为"的原则行事，则会神全而气旺，从而延年益寿，得道成仙；国君如果能按照"无为"原则治理国家，那么这个国家的人民就会保持淳朴的品质，从而国泰民安。因此，杜光庭说"无为"是"理国修身之要"。

要注意的是，杜光庭提倡"无为理国"，并不是让君主什么都不做，而是主张要顺应自然而为，不要过多地干扰老百姓的生活。"无为"就是"虚心体道"。杜光庭说："（人君）能虚心体道，则天下化成。"就是说，君主如果能做到"虚心体道"的话，朝中大臣与各地诸侯就会诚心实意地聚集在他的周围，天下百姓也会诚心实意地拥护他。

总之，杜光庭的"修身理国"哲学思想，强调通过"修心"，一方面实现个体生命的长生久视，另一方面实现国家的长治久安。他把"修身"与"理国"紧紧结合在一起，以期实现人人安乐、天下太平的最高理想。这是对传统道教思想的继承与发展，为唐代以后道教的健康发展指明了方向。

四、重玄学

唐代道教因教理教义上的差异而分为多个学派，其中重玄学派影响最大。

重玄学派因用"重玄"思想注解《老子》而得名。"重玄",语出《老子》第一章"玄之又玄,众妙之门"。重玄派形成于魏晋,兴盛于唐。杜光庭之前,唐代重玄学派的代表人物是成玄英与李荣,经过他们的努力,重玄派成为道教"老学"中影响最大的流派。杜光庭在成玄英、李荣等人思想的基础上,把该派理论又向前推进了一大步。

道教重玄学最根本的特征是"有无双遣"的思维方式。这是在佛教"中观"学说的影响下而形成的。为了更好地理解杜光庭的"重玄学"理论,有必要先介绍一下佛教的"中观"学说。

佛教认为,人世间的一切现象都是因缘和合而成的,只是一种暂时的存在,是一种假象,没有永恒不变的"自性",无"自性"即为"空"。但"空"并不是绝对的虚无,因为还有暂时的假象存在,这种暂时的假象称为"色"。人,既不执着于"色",也不执着于"空",非"色"非"空",这就是"中观"。《心经》说:"色不异空,空不异色。色即是空,空即是色。"就是这个意思。

佛教常用一些小故事与诗歌来说明"中观",这对我们理解道教的"重玄学"也同样有用。有位法号南泉普愿的老禅师,一日对徒弟们说:"我自小养一头水牯牛,拟向溪东牧,不免食他国王水草;向溪西牧,亦不免食他国王水草。如今不免随分纳些些,总不见得。"这就是著名的"南泉水牯牛"公案。"公案"就是禅师用来启发弟子令其开悟的小故事。

在这则公案中,南泉用"牧牛"比喻"修心养性",用"溪东""溪西"比喻色界、空界。"向溪东牧""向溪西牧"都"不免食他国王水草",意思是说,执着于"色"与执着于

"空"，都不能悟道。

执着色界，认虚为实，执幻迷真，固然不能见道，但以色界为幻象，以空界为真实，也同样是分别心在作怪，也不能见道。怎样才能见道呢？南泉提出"随分纳些些"，也就是不起分别心，一切随缘任运，保持一颗平常心。

杜光庭"重玄学"的方法是"有无双遣"，即：既不执着于"有"，也不执着于"无"，最终连"不执着于有无"也消除，由此而达到无所执着、自由自在的、与道合一的境界。这种境界与佛教超脱色空对立的绝对自由境界是完全一致的。"重玄学"是道教十分重要的修道方式。

杜光庭创造性地运用重玄学"有无双遣"的方法来解决道教无限之道与有限之肉体之间的矛盾问题。传统道教丹鼎派宣扬可以通过服食丹药而长生不死，而事实不但不能长生，反而会中毒身亡，因此道教引起世人的怀疑，陷入危机之中。为了解决这一危机，杜光庭用重玄学"有无双遣"的方法，建构起一种新的修道方法。

杜光庭首先用重玄学的方法解决"道是有还是无"的问题。他说，"道"既不是"有"，也不是"无"。因此，修道者既不能执着于"有"，也不能执着于"无"，这是"一玄"；另一方面，为了防止修道者执着于"玄"，他又提出把"玄"也排除掉，这就是"遣之又遣""玄之又玄"。这种"有无双遣"的重玄方法，其实就是通过破"邪"来显"正"，在这种重重否定中启发修道者进入道的境界。

杜光庭就是用这种方法来解决道教理论中无限之道与有限之肉体之间矛盾问题的。他认为，对一名修道者来说，最重要的不是服食服气，而是心性的修炼。修炼的方法是：既不执于有，亦不执于无，非有非无，有无双遣，从而进入"湛寂清静"的境界，这就是得道成仙。

关于"仙道"的有无问题，杜光庭也是用重玄思维来回答的。他说："仙道无不无，有不有。"意思是说，仙道是非有非无的，这是用"有无双遣"的方法来破除人们对"有"与"无"的执着，从而实现自然无为、湛寂清静的人生态度，这就把"得道成仙"由过去的长生不死、肉体成仙转化为一种人生境界，从而解决了道教追求长生而实际不能之间的矛盾。

想当年，惠立诘问李荣"道是有知还是无知"时，李荣如能很好地利用重玄学"有无双遣"的方法来回答，恐怕就不会陷入如此尴尬的境地了。

五、心性修养论

心性修养论是杜光庭哲学思想体系中的一项十分重要的内容。

上文说过，杜光庭把传统道教外丹的修炼转化为内在心性的修养，提出"修道即是修心"，主张通过"去欲""守静"来泯灭是非，齐一物我，超越生命的局限，从而达到与道合一的境界。这既是修道的过程，也是心性修养的过程。

杜光庭在"修道即修心"思想的基础上，又提出"性命双修"思想。他在《墉城集仙录》中说：

> 明者返伏其性，以延其命；愚者恣纵其欲，以伤其性。夫性者，命之原；命者，生之根。勉而修之，勤而炼之，所以营生以养其性，守神以养其命，则离苦升乐，福祚无穷矣。且人之生也，皆由于神，神镇则生，神断则死，所以积气为精，积精为神，积神则

长生矣。

他认为，"性"是人之生命的本原，愚痴之人不知修心养性，而是一味放纵自己的情欲，结果伤性害命，神断而死；聪明之人则善于调养心性，勤炼勉修，使之与清静的道性冥然相契，从而离苦得乐，得道成仙。"性"即神，"命"即形，"性命双修"就是"形神双修"。修性称为"性功"，主要内容是修心炼性；修命称为"命功"，主要内容是炼精化气。"性命双修"是内丹的基本内容。

那么，如何修养心性呢？杜光庭强调两点：一是清静寡欲，二是多建善功。

杜光庭在《道德真经广圣义》卷二九中说：

> 寡欲则行清，多欲则神浊，欲深浊极，自思复其清矣。此废欲清神之权也。不贪则俭约，极贪则殃身。因贪获殃，自思复其俭矣。此修俭夺贪之权也。皆先极其侈心，使自困于贪欲。然后返性修道也。
>
> 物以茂盛为动作，凋落为归根。人以逐欲而动则迁情，息念而静则合道。迁情则流遁，合道则迁元。所以静而致道者，是复归所禀妙本之性命也。

这两段话讲得很明白，也很好理解。人性本来是无欲无求、清静无为的，由于受外物所感，而生出种种贪欲，破坏了本来清静之心。"寡欲则行清，多欲则神浊"，因此，杜光庭提倡"返性修道""静而致道"，即通过修道来摆脱物欲的束缚，回归本静之性。

那么，如何才能做到"静而致道"呢？杜光庭提倡"心斋""坐忘"的方法。

"心斋"与"坐忘"这两个概念出自《庄子》，意思是说，人可以通过控制自己的感官，让精神超然于物外，做到既忘外界，又忘内心，排除一切思虑，从而达到与道合一的绝对自由境界。

司马承祯继承《庄子》这一思想，著《坐忘论》，把"坐忘"作为修道的秘笈，并把"坐忘"分为七个次第，即敬信、断缘、收心、简事、真观、泰定、得道，其核心就是清静寡欲。这种"坐忘"的修道方法，在唐宋两代影响很大。大文豪苏轼作《水龙吟》，赞扬《坐忘论》说：

> 古来云海茫茫，道山绛阙知何处？人间自有，赤城居士，龙蟠凤举。清静无为，《坐忘》遗照，八篇奇语。向玉霄东望，蓬莱晻霭，有云驾、骖风驭。

这首词的核心内容是说，司马承祯《坐忘论》为人们指明了修道的根本途径。

受司马承祯影响很深的杜光庭，也非常重视"坐忘"在心性修养中的重要作用，不但如此，他还在此思想的基础之上，又向前迈进了一步。杜光庭利用重玄学的方法，提出"本迹俱忘，又忘此忘"思想，也就是说，修道不但要忘掉外境，忘掉内心，而且连"心斋""坐忘"也忘掉，以无一丝牵挂的虚静状态听任万物之自然，这才是真正的"返性修道"与"静而致道"。

杜光庭提倡清心寡欲，但并不是主张躲进深山老林与世隔绝，而是主张以"无为""无欲"的态度在世间多做善事，多建善功。他在《墉城集仙录序》中说：

> 又有积功未备，累德未彰，或至孝至忠，至贞至烈，或心不忘道，功未及人，寒栖独炼于己身，善行不加于幽显者，太上以其有志，太极以其推诚，限尽而终，魂神受福者，得为散爽之鬼，地司不判，鬼录不书，逍遥福乡，逸乐遂志，年充数足，得为鬼仙。

然后升阴景之中，居王者之秩，积功累德，亦入仙阶矣。如此，则善不徒施，仙固可学，功无巨细，行无洪纤，在立功而不休，为善而不倦也。修习之志，得不勖哉？

在上面这段话中，杜光庭指出，修道不仅仅是"寒栖独炼于己身"，即隐居深山不食人间烟火，而是要努力在世间积功累德，只要立功不休，为善不倦，便可得道成仙。

杜光庭提倡清静寡欲以修道，同时又主张多建善功，强调道教"拯溺扶危，济生度死"的社会功能，这两者之间是否矛盾呢？他认为是不矛盾的。

杜光庭《道德真经广圣义》卷八中说：

修道之士，初阶之时……未能绝欲，恐境所牵，仍栖遁山林，以避所见，及其澄心息虑，想念正真，外无挠惑之缘，内保恬和之志，虽营营朝市，名利不关其心，碌碌世途，是非不介其意，混迹城市，何损于修真乎。

初学修道者，应当栖隐山林，以躲避世俗名利色欲的诱惑，而经过长时间的修行，达到"澄心息虑"的状态后，就不必隐遁山林了，即使营营朝市，碌碌世途，照样能做到名利不关其心，是非不介其意，对修心养性没有任何妨碍。

纵观杜光庭的一生，他真正栖隐山林的时间并不长，而大部分时间都忙于整理道教文献，宣扬、推广道教，留蜀以后，还积极参与政事，但这并没有改变他淡泊名利、清静寡欲的人生态度，正因为此，他才被誉为"山中宰相"。"山中宰相"一词，既包含"拯溺扶危，济生度死"的一面，又包含澄心息虑、清静寡欲的一面，这两方面辩证而和谐地统一在了杜光庭的身上。

六、三教融合论

在第四章中，我们介绍了杜光庭与贯休的交往，说他是站在"三教融合"立场之上来解决道教与佛教之间矛盾的。本节将从理论上进一步阐述杜光庭的"三教融合"思想。

魏晋南北朝时期，佛教进入了相对独立发展的阶段。经典的大量译入，般若学的流行，佛性论的兴起，佛教以其强大的理论魅力与信仰诱惑征服了当时的高官贵族与普通百姓。此时的道教，初步形成了自己的理论体系，再经过斋醮仪式的清整，逐渐摆脱了民间宗教的粗糙形式，从而具备了由下层民众向上层贵族渗透的资本。

佛、道二教的迅猛发展，使其在宗教信仰、思想观念、修行方法、戒律仪规等方面的矛盾全面暴露了出来，双方相互攻击，冲突不断。

在与佛教的争斗中，道教有两张"护身符"：一是儒家，二是老子。

道教与儒家都是中国本土文化，而佛教则是外来文化。因此，在与佛教的斗争中，道教总是与儒家联合在一起的，从中土文化本位主义的立场出发，对佛教的异域文化价值体系进行批判，如批判佛教"断发毁身""不婚无后""遗弃双亲""违背孝道"等。有了儒家这个强大的同盟军，道教在进攻佛教时显得理直气壮，有恃无恐。

道教的第二张"护身符"是老子。老子是中国文化的巨人，在中国文化思想史上影响巨大，道教依托老子为始祖，佛教由于不敢轻易诋毁老子，而对道教也不得不客气一些。

佛教对付道教的策略是，先揭去其身上的这两张"护身符"，再给它以致命的打击。佛教指出，道教与儒家有实质性的区别，儒家圣人都以仁义道德去教化世人，从没有哪一个教人画符念咒的。佛教又说，道教与老子也没有关系，老子是道家学派的创始人，而不是道教的创始人，道教的创始人是"米贼"张道陵，"道教"与"道家"不是一回事。被揭去这两张"护身符"后，道教就成了一种神仙方术，成了没有思想，只会装神弄鬼、画符念咒的"鬼教"。这样，道教对佛教的打击就只有招架之功，没有还手之力了。

针对佛教的以上策略，杜光庭努力论证道教与老子及儒家有不可分割的关系。

杜光庭在《道德真经广圣义》中通过种种道教文献与神话故事，说明道教与老子及《道德经》之间的关系是不可分割的。他说，老子是一位神通广大的圣人，是"道"的化身，住在高高的太清境太极宫中，又时常化身来到人间，教化世人。老子写《道德经》，创立道教，又把道教传给世人。老子是道教的教主，《道德经》是道教的圣书，张道陵是老子的弟子。这怎么能说道教与老子没有关系呢？

杜光庭还努力论证道教与儒家之间的密切关系。他引用司马迁《史记》中的说法。孔子曾多次向老子问"礼"，以老子为师，并且非常崇拜地说："老子高深莫测，像一条巨龙一样，见首不见尾。"老子是道教的教主，孔子是儒家的祖师，这怎么能说道教与儒家没有关系呢？再从理论上说，道教提倡"经国理身"，儒家提倡"修身齐家治国平天下"，这也是完全一致的。

反驳了佛教的说法后，杜光庭并没有大肆批判佛教，而是提出"三教融合"主张。他说：

凡学仙之士，若悟真理，则不以西竺、东土为名分别。六合之内，天上地下，道化一也。若悟解之者，亦不以至道为尊，亦不以象教为异，亦不以儒宗为别也。三教圣人，所说各异，其理一也。

儒、佛、道三教，虽然在教理教义与修行方法上有区别，但在终极目标上是完全一致的。儒家的终极目标是"博爱济众"，道教是"救苦拔衰"，佛教是"普度众生"，这有什么区别呢？因此，真正的修道之人，不要拘泥于"西竺"与"东土"（佛与儒、道）之别，也不要一味抬高道教而故意贬低佛教与儒家，三教本来同源，是相互融合，相互补充的。

杜光庭反对佛教与道教相互攻讦，提倡"三教融合"，但不能因此就说他放弃了道教立场，主张"三教"间的绝对平等。作为"道门领袖"，杜光庭一刻也没有放弃自己的道教信仰与道教立场，而是时刻牢记自己弘扬道教的神圣使命。他所提倡的"三教融合"，是以"道"为基础的"三教融合"。

上段引文中，杜光庭在说过"三教圣人，所说各异，其理一也"之后，又说："但能体似虚无，常得至道归身，内修清静，则顺天从正，外合人事，可以救苦拔衰，以此修持，自然清静。"这明显是用道教思想来解释佛教与儒家主张，把"三教"统一在道教思想基础之上。这样，既实现了"三教融合"，又坚持了道教信仰，杜光庭的高明之处正在于此。

杜光庭对道教哲学作出了杰出贡献，在中国哲学史上也占据着很重要的地位。孙亦平先生说："杜光庭上承唐代道教注重心性论、重玄学之遗风，建构了博大精深的道教哲学理论体系，下开以清静之心修道成仙之先河，推进了宋元道教内丹心性学的理论与实践的发展。杜光庭既是唐五代道教理论的集大成者，又是宋元道教的重要开拓者，在中国道教发展史上，他占有重要地位。"这一评价是公允的，也得到了学术界的广泛认可。

第 7 章

杜光庭的小说创作成就

道教对唐代的文学、艺术产生了极为重要的影响。这主要表现在两方面，一是为文学艺术增添了许多道教元素，如出现了大量以宫观道士为题材，以渴望长生成仙为主题的诗歌，出现了充满奇谲瑰丽神仙故事的传奇小说，也出现了大量表现道教神仙人物的文人画，以及道教色彩浓厚的建筑、音乐等。二是为文学艺术增添了许多方外作者，杜光庭就是其中之一。

《历世真仙体道通鉴》卷四○《杜光庭》说："光庭尝撰《混元图》《纪圣赋》《广圣义》《历帝纪》，暨歌诗杂文。仅百余卷行于世，所著述未尝不以经济为意。"杜光庭的著作可粗略地分为两大类：一是偏重教理、教义的道教学术著作；二是文学色彩浓厚的诗文、小说创作。虽然这两类著作在表达方式上有很大的不同，但有一个共同的主题——"以经济为意"，即强调道教的经世济民作用。

在宗教与文学的关系上，杜光庭既强调文章的宗教意义，又强调文章的艺术性。他在《墉城集仙录》卷三《紫微王夫人》中说："学仙岂独于饵术而已，才丰词丽，学优理博，浩浩然若巨海之长波，连山之叠岫也。"也就是说，学仙者不能仅仅做些炼丹服食之类的事，还要能写出一手才丰词丽、学优理博的好文章。正是因为有了这种追求，杜光庭才能把道教修行与文学创作结合起来，在两方面都取得了很高的成就。

杜光庭在文学创作上有着很高的造诣，主要表现在以下几方面：一是数量巨大，《宣和书谱》记载杜光庭曾撰"歌诗杂文百余卷"；二是众体皆备，小说、诗词、散文等各种体裁都有；三是内容丰富，涉及唐代政治、经济、思想、宗教、文化等方方面面；四有较高的艺术性，文辞典雅、语汇丰富、结构严谨。

杜光庭在文学上的成就，最突出的是其道教小说，主要有《墉城集仙录》《神仙感遇传》《录异记》《道教灵验记》《仙传拾遗》《王氏神仙传》，此外，《历代崇道记》《洞天福地岳渎名山记》《天坛王屋山胜迹记》《毛仙翁传》等著作中也有大量神仙故事。下面择要介绍。

一、《墉城集仙录》

《墉城集仙录》是中国道教史上现存最早的一部女仙传记。该书原为十卷，现存《道藏》本为六卷，记载圣母元君、金母元君、上元夫人、昭灵李夫人等三十七位女仙事迹。由于书中所记女仙都归西王母统管，而西王母住在昆仑山上的墉城仙宫，因此杜光庭把这部小说集命名为《墉城集仙录》。

《墉城集仙录》中的女仙，有的来自史料记载，有的来自道教传说，有的来自民间神话故事，杜光庭依据自己的道派观念，用文学笔法对她们的形象与事迹进行生动描绘，不但完成了道教女仙谱系的建构，而且具有很强的艺术性。

杜光庭在《墉城集仙录序》中说："女仙以金母为尊，金母以墉城为治，此传以金母为主，元君次之。"这里，"金母"即"金母元君"，就是民间传说中的"西王母"，又称"王母娘娘"。杜光庭说她是墉城女仙的最高统帅，而老子的母亲"圣母元君"处于第二位，虽处"金母元君"之下，但仍处众仙之首。

《墉城集仙录》以大胆的想象，瑰丽的语言塑造了大量美丽、圣洁、善良而且神通广大的女仙形象。"圣母元君"形象，上文已经介绍过了，这里不再赘述，下面来看看《墉城集仙录》中的其他女仙的形象。

首先来看"金母元君"，即"西王母"的形象。西王母形象最早见于战国至汉初写成的《山海经》。在《山海经》中，西王母是一位半人半兽的女神。她居住在玉山的洞穴中，虽然形状似人，但长着豹尾、虎齿、蓬头垢面，经常像野兽一样咆哮，极凶残地捕杀其他动物。在后来的流传过程中，西王母的形象渐渐发生了变化，至汉代，遂演变为一位白发寿星。西王母的这一形象，经常出现在汉代以后的文学作品之中。如西汉司马相如《大人赋》说："吾乃今日睹西王母，皓然白首。"扬雄《甘泉赋》也说："想西王母欣然而上寿兮，屏玉女而却虑妃。"可见，此时的西王母已经演变为一位白发女寿星。魏晋南北朝以来，《博物志》《汉武帝内传》等大量典籍又把西王母奉为女仙的领袖，其容貌也愈加年轻美丽。

杜光庭在《墉城集仙录》卷一《金母元君传》中，首先解释《山海经》中的西王母为什么会显现为半人半兽的样子。他说，这个豹尾虎齿的半人半兽并不是西王母的真形，而是她所驱使的金方白虎神。那么，西王母的真形是什么样子呢？杜光庭描述说：

> 王母乘紫云之辇，驾九色斑麟，带天真之策，佩
> 金刚灵玺。黄锦之服，文彩明鲜，金光奕奕。腰分景
> 之剑，结飞云大绶。头上大华髻，戴太真晨缨之冠，
> 蹑方琼凤之履，可年二十许，天姿蔼；灵颜绝世，真
> 灵人也。

杜光庭笔下的西王母，不但具有二十岁少女般的花容月
貌，而且披金戴银，服饰艳丽，雍容华贵，仪态万方。她与东
王公相配合，共同养育天地，陶钧万物，众多得道成仙的女子
都围绕在她周围，服从她的领导。

年轻美丽是《墉城集仙录》中众女仙的共同特征。对此，
杜光庭不惜笔墨，大肆渲染。这些女仙都是二十左右芳龄，个
个婀娜多姿，惊艳绝伦。与道教所宣扬的长生不老思想相一
致，杜光庭笔下的这些女仙，虽然看似只有二十左右，而其实
都是二百多岁的老寿星。如太阳女，虽然已经二百八十岁，看
起来却只有十七八岁，面如桃花，眉鬓如画，肌肤充泽，光彩
照人。杜光庭说，这些女仙青春长驻的秘诀就是修道，修得养
神之道，便会长生不老。

《墉城集仙录》中的众女仙不但年轻貌美，而且神通广大。
且不说掌管不死之药的最高统帅西王母，就是她的下属也个个
法力无边。例如九天玄女，本是圣母元君的弟子，受西王母的
派遣，下界帮助黄帝破蚩尤。蚩尤兄弟八十一人，都是人语兽
身，个个铜头铁臂，刀枪不入，他们的大军过处，飞沙走石，
鸡犬不宁。黄帝虽然以仁义著称，深得民心，但面对强大的蚩
尤却一筹莫展，彻夜难眠。

一天深夜，黄帝正坐在军帐中发愁，突然一阵微风吹来，
昏黄的油灯摇曳欲灭。黄帝抬头一看，面前站着一位身披黑色

狐裘的美貌女子。这位神秘女子说："我送你一道符书，你要随时带在身上，当有危难之时，精诚告天，必得救助。"黄帝倒地便拜，双手接过符书。黄帝又向女子请教破蚩尤之策，女子便向他传授驱遣鬼神降妖捉魔之符。黄帝千恩万谢，再抬头看时，女子已经飘然而去。第二天，黄帝与蚩尤决战，大败蚩尤，把蚩尤身体裂为四块，分而葬之。

作为道教小说集，《墉城集仙录》虽然刻画了很多生动传神、栩栩如生的女仙形象，具有很强的艺术性，但这并不是杜光庭的最终目标，这些形象的最终目标是宣扬道教信仰。如《圣母元君》，篇幅很长，尽管有"老子降生"等完整的故事情节，也有生动的人物形象与传神的细节描写，但大部分文字都是"圣母元君"向老聃传授仙诀道术，即使是那些文学性很强的部分，文学也仅仅是表达宗教思想的工具，这正是宗教文学的典型特征。

《墉城集仙录》的宗教特质，决定了大多数女仙传记都含有宣扬教义与教化时俗的性质。道教宣扬长生不死、羽化登仙，同时又把长生之术的修炼与人世间的善恶伦理结合起来，主张"善自命长，恶自命短"，也就是说，要想长生必须行善。这正是《墉城集仙录》的主题之一，该书中女仙品位的高低就是依据善的大小而决定的。杜光庭创作《墉城集仙录》的目的，就是要向世人表明为善可以增寿，为恶就要减寿，规劝世人遵守仁义忠信，积极救世济俗。《墉城集仙录》中乐善好施的女仙比比皆是，如食桑叶吐丝织衾温暖世人的蚕女，采紫草卖钱资助孤寡老人的昌容等。

《墉城集仙录》还具有浓厚的政治色彩。很多女仙都曾有过与帝王交往的经历。如西王母既曾帮助黄帝战胜蚩尤，又曾与周穆王相聚于昆仑瑶池，也曾降临汉宫教汉武帝长生之道。

这些帝王，不但从女仙那里获得长生之术，而且获得治国安邦的智慧。这些故事意在说明道教具有帮助君主治理国家的政治作用，事实上，道教在李唐王朝的建立过程中也的确起到过非常重要的作用。这些故事，能增强君主对道教的信任与喜爱，对道教的传播极为有利。

《墉城集仙录》的女仙崇拜，有利于妇女地位的提高，这在男尊女卑的封建社会是一种十分可贵的思想。杜光庭在《墉城集仙录序》中说："一阴一阳，道之妙用。"阴与阳是"道"的两种属性，并无高下尊卑之别，阴阳共同作用，从而裁成万物，孕育群形，新新相续，生生不停。同样，在修道方面，尽管有"男真女仙"之别，但并无高下之分。《墉城集仙录》中有大量女仙帮助男子修道成仙的故事，如西王母的女儿紫微王夫人向上清派道士杨羲传授上清经书，使他修道成真。这部小说集中还有大量女仙与凡男相恋的故事，一般是女仙向凡男传授道术，帮他成仙，如云华夫人与宋玉、杜兰香与张硕等。

《墉城集仙录》宣扬的男女平等观念，既有别于重男轻女的儒家思想，也不同于轻视妇女的佛教思想。在早期的小乘佛教中，妇女往往被当作淫欲、邪恶的标志，被排除在成佛的大门之外。释迦牟尼曾三次拒绝其养母提出的允许妇女加入僧团的请求，认为这样会使佛教早灭五百年。尽管在后来的发展过程中佛教也接纳了女子，但始终未给她们与男子平等的地位。佛与菩萨大都是男子之身，佛教比丘尼的地位远不如道教女冠。《墉城集仙录》宣扬的女仙崇拜思想，既吸引了大量妇女加入道团，扩大了道教在民众中的影响，也宣扬了男女平等的思想，鼓励广大妇女参与社会事务。

二、《神仙感遇传》

《神仙感遇传》是杜光庭编撰的一部志怪小说集，收于《道藏》洞玄部记传类，共五卷七十七篇，但这些并不是全部，有些遗落的篇章散见于《太平广记》《云笈七签》等著作中。从题目可以看出，《神仙感遇传》所记录的都是"人仙感遇"故事，这类故事早在汉魏六朝时就已经出现了，而入唐以来，随着道教的兴盛，更加流行。杜光庭的这部著作可以说是"人仙感遇"故事的集大成之作。

《神仙感遇传》中的仙传材料，多来自唐人的小说、笔记、野史，如《酉阳杂俎》《宣室志》《续仙传》《逸史》等。在这些材料的基础上，杜光庭主要进行了两方面的加工：一是植入道教观念，把这些文人志怪传奇改造成具有鲜明道教性质的宗教小说；二是进行艺术加工，使故事情节更加生动，人物形象更加传神，文字更加凝练，从而具有更高的审美品位。

《神仙感遇传》讲了七八十个人与神仙相遇的奇特故事。在这些故事中，"人"来自各行各业，有帝王、士大夫、武士、农夫、商人、工匠，还有和尚、道士等。他们遇仙的方式各有不同，有的是寻仙成功，有的是误入仙境，有的是仙人下凡，有的是梦遇神仙，尽管遇仙方式千差万别，但都有"善缘"：或真心崇道、修斋设醮，或孝敬父母、乐善好施。人遇仙以后，或在神仙的引导之下饱览仙境、领略道术，或获得神仙赠予的符箓道经、字画宝物，有的甚至与仙人恋爱。杜光庭杜撰这些人仙相遇的故事，用意很明确，即诱导信众、教化时俗，劝人修真慕道，多做善事。

《神仙感遇传》的"人仙感遇"故事中，对后世影响最大的当数第四卷中的《虬须客》一篇，因此在这里较为详细地介绍一下。

隋朝末年，炀帝贪图享乐，不理朝政，司空杨素独断专权，骄横跋扈，目空一切。有一位名叫李靖的贫寒之士，满腹经纶，颇富文韬武略，但身处下僚，无用武之地。

一天，李靖到杨素府上拜谒，希望通过进献治国之策以博取杨素的青睐，从而获得一官半职。杨素一贯骄奢淫逸，根本没把眼前这位年轻人的话当回事，只是半躺在太师椅上闭目养神。

太师椅后面站着位十七八岁的侍女，长得亭亭玉立，婀娜多姿，手里拿着一把红色的拂尘，不断替老爷驱赶着蚊蝇。

李靖还在滔滔不绝地讲着，红拂女以目示意他别再惹杨素厌烦了。这时，杨素无精打采地说："送客。"红拂女把李靖送到门口，小声问清了他的住址。

侍候杨素多年，红拂女深知隋朝气数已尽，杨素也危在旦夕。于是，她乔装打扮，在月色的掩护下来到李靖的住址，约他一起离开长安，前往太原，另谋他途。

第二天一大早，两人匆忙上路，直奔太原。傍晚，投宿一家客栈。

次日早晨，红拂女打开房门，开始梳妆打扮。李靖坐在床上仔细欣赏着这位绝色佳人——长发委地，面如桃花——他如痴如醉、心旷神怡。

正在这时，门外慢慢踱来一头又老又瘦的毛驴，驴背上驮着一名男子，此男子长着红色络腮胡子，蓬头垢面，衣衫褴褛。他就是虬须客。

虬须客来到李靖二人住的房门前，慢慢从驴背上下来，把一个又脏又破的布囊扔在地上，斜靠在上边，目不转睛地盯着正在梳妆的红拂女。李靖气不打一处来，双眼狠狠地瞪着这位不速之客。谁知虬须客不但没有收敛，反而变本加厉地流露出一丝得意的笑容。李靖再也沉不住气了，站起来准备教训教训这个色鬼。红拂女一手握着长发，一手示意李靖不要动怒，李靖只好气鼓鼓地又坐了下来。

红拂女梳妆完毕，大大方方地走过来，向虬须客敛衽行礼，问："敢问尊姓？"答曰姓张。红拂女说："原来是一家人，我也姓张，应该是你的妹妹。请受妹一拜。"虬须客非常高兴，说："我在家排行第三，以后你就喊我三哥吧。今日能遇到你这位妹妹，真是三生有幸！"红拂女又向李靖说："李郎，快来拜三哥。"李靖过来拜之。

店家摆上酒菜，三人推杯换盏，兴致很高。话题转到未来的打算上面。李靖与红拂女这才知道，虬须客原来是一位有志于夺取天下的豪侠之士，于是更加感觉相见恨晚。

李靖告诉虬须客，太原有一位名叫李世民的年轻人，虽出身不算显贵，仅是州将之子，但奇异雄伟，才能过人，如能投奔他的麾下，将来必有大作为。

虬须客说："您能否设法让我见他一面呢？"

李靖说："我的好友刘文靖与李世民关系非同一般，可以让他引见。"

在刘文靖的引见下，虬须客与李靖见到了李世民。李世民果然神采飞扬，异于常人。四人觥筹交错，相见甚欢。数杯之后，虬须客招李靖出来，附耳说："李世民，真天子也。"

辞别李世民，虬须客对李靖说："我看李世民十有八九要当皇帝，不过，还须让我的道兄再看一看。"

于是，虬须客、李靖、红拂女与道兄四人一起再去太原，再次通过刘文靖约见李世民。

道兄与刘文靖下棋，虬须客、李靖、红拂女在旁观看。这时，李世民走了进来，长揖而坐，顾盼伟如，神采惊人，令人感觉神清气爽，满座生风。道兄一见，心情激动，一着走错，全盘皆输。

弈罢出门，道兄对虬须客说："这个世界将是李世民的天下，你不要与他争了，你可到其他地方去发展。"

虬须客带着李靖与红拂女来到自己家中。李靖、红拂女被眼前的景象惊呆了！到处琼楼玉宇，金碧辉煌！打开宝库大门，里面金银珠宝不计其数。

虬须客对李靖、红拂女说："我本打算用这些钱财作为军费来统一天下，现在看来，太原李氏才是真英主，三五年内，李氏必会平定天下。我把这些钱财赠予你们，希望你们诚心辅佐李氏。"

接着，虬须客向李靖与红拂女传授辅佐李氏夺取天下的策略。然后，集合家里的百余名奴仆，对他们说："从今天起，这里的一切包括你们，都属于李郎与张妹了，你们一定要听他们的话。"说完，与其妻乘马而去，不知所踪。

李靖与红拂女谨遵虬须客的嘱托，诚心辅佐李氏，终于平定了天下，建立了李唐王朝，李靖得以加官晋爵。

贞观年间，东南扶余国，国君昏庸，民不聊生。虬须客带领一队人马，杀了昏君，自立为王，从此，扶余国社会稳定，国泰民安。

杜光庭在故事的结尾说："乃知真人之兴，乃天受也，岂庸庸之徒，可以造次思乱者哉！"这就明确交代了写这篇小说的目的，即宣扬李唐王朝的神圣性及其建立的必然性，同时颂扬道教在李唐王朝建立过程中所起的作用。

《虬须客》具有很高的艺术价值。刘大杰在《中国文学发展史》中评价说："从艺术的价值上讲，以杜光庭的《虬须客传》为较佳……在形式上具有严整的布局和适当的剪裁。对于人物的个性，也有了更进一步的深刻的描绘。红拂、李靖、虬须客三个主人翁的形象，都写得分明而又生动。……文中语言清丽，情节的穿插，富于变化曲折的波澜，更能引人入胜。"

《虬须客》对后世产生了极为重要的影响。明代以后，出现了许多以这一故事为素材的小说、戏剧、绘画，如明代戏曲作家张凤翼的《红拂记》、凌濛初的《红拂三传》、冯梦龙的《女丈夫》、晚清画家任伯年的《风尘三侠》等。因此，鲁迅先生在《中国小说史略》中说："杜光庭之《虬须客传》流传乃独广……后世乐此故事，至作画图，谓之三侠；在曲则明凌初成有《虬须翁》，张凤翼、张太和皆有《红拂记》。"

近代以来，"四大名旦"之一的程砚秋主唱的京剧《红拂传》、徐悲鸿的传世杰作《风尘三侠》等，也都是从《虬须客传》里汲取的素材。现代武侠小说家金庸更盛赞其为"武侠小说鼻祖"。

这里有一个问题，鲁迅、刘大杰等人所赞扬的唐传奇《虬须客传》是不是杜光庭的《虬须客》呢？两者之间是什么关系呢？

《虬须客传》与《虬须客》，在内容上有很大的相似性，因此有人认为《虬须客传》的作者就是杜光庭。同时，这两篇小说也有很大的差异性，因此也有人认为《虬须客传》的作者不是杜光庭。在内容上，《虬须客传》较详细，《虬须客》相对简略，由此出发，有人认为《虬须客传》是后人对杜光庭《虬须客》的扩充，也有人认为《虬须客》是杜光庭对《虬须客传》的压缩。

《虬须客传》的作者到底是不是杜光庭，目前还不好下结论，但无论怎样，都不能否认《虬须客传》和《虬须客》之间的关系，都不能否认杜光庭《虬须客》在中国古代小说史上的地位。

三、《录异记》

《录异记》原本十卷，现保留在《道藏》中的《录异记》只有八卷，分别是：卷一，仙；卷二，异人；卷三，忠、孝、感应、异梦；卷四，鬼神；卷五，龙、异虎、异龟、异鳖、异蛇、异鱼；卷六，洞；卷七，异水、异石；卷八，墓。以上八卷十七类，每一类都由一些主题相近的故事组成，全书共收录一百六十二则神异故事。

作为道教小说集，《录异记》也像《神仙感遇传》等其他小说集一样，具有鲜明的宗教色彩。杜光庭通过一个个曲折有致、妙趣横生的故事，宣扬神仙崇拜、劝人修道求仙。

《录异记》卷六记载，有一个叫毛意欢的人，自幼潜心修道，整日《道德经》不辍于口。咸通年间，毛意欢隐居于绵州昌明县豆圌山上的"天尊古宫"中。这座古宫位于高高的山巅之上，下面全是悬崖峭壁，没有一条路可通山下。毛意欢每天攀缘峭壁上的古藤上山下山，碰到大的悬崖，就用绳子系在悬崖两侧的松树上，以绳作桥。就这样，他白天到山下集市去诵经乞酒，晚上喝得酩酊大醉，再攀越悬崖峭壁回宫。住在山下的人晚上经常能看到他端着油灯，走在绳桥上的身影。山上有很多猛虎毒蛇，普通山民从不敢靠近，而毛意欢每天上下从容，从没有被伤害过。后来，毛意欢要隐于宫中诵经，十天半个月才能下来一次。每当有道友来看他，就会有两只乌鸦飞过来通报，待布置好坐榻，泡上茶水，客人正好来到。杜光庭通过这个富有诗情画意的故事，向人们宣扬道教的神通。

与杜光庭其他道教小说不同的是，《录异记》记载了大量动物的故事，从而宣扬人与动物之间的和睦相处。如卷二：有一个叫景知果的得道高人，隐居于豆圌山上，每天与虎豹为伴，后来这些凶猛的野兽被驯化得非常温驯，与其他动物也都成了好朋友，大群乌鸦聚在它们身上，自由自在地鸣叫、嬉戏，从未被伤害。

杜光庭还通过大量描写动物的故事，劝人惜护生灵，禁止杀生。《录异记》卷五记载，郫县有一个农夫，在村南渠边捉到一条一尺来长的小蛇，拿到家里，掏出小蛇的五脏，然后放在小火上慢慢烘焙数日，准备制成蛇干。这个农夫有一个七八岁的儿子，突然遍身红肿，皮肤上生满疱疮，疼痛难忍。这天夜里，孩子自言自语道：“你无端杀我，还掏去我的五脏，放在火上烘烤，我今天要让你儿子也知道这种痛苦的滋味。”农夫听到这话，吓得心惊肉跳，慌忙把小蛇从火上取下，拔掉插在它身上的竹签，放在清水中洗净，又焚香谢罪，把它送回原处。不久，小蛇蜿蜒而去，农夫的儿子也恢复了健康。

《录异记》卷五还讲了另外一个类似的故事。有一个名叫崔道纪的读书人，他科场得意，中了进士，高兴万分，尽情畅游于江淮之间。一天喝得大醉，躺在一家客店中。这时，仆人在井中打水，桶中竟然有一条活鱼。崔道纪听说后，摇摇摆摆地走过来，命令仆人赶快做一碗鱼汤来给他醒酒。一碗鱼汤刚下肚，突然有一位黄衣使者从天而降，宣读玉皇大帝的圣旨：“崔道纪，你本来可以官至宰相，年寿七十，但你大胆吃了龙子变的鱼，罪该万死！”崔道纪当晚暴亡，年仅三十五岁。

道教虽然在思想上与儒家有很大差异，但在宣扬"忠孝"思想上两家是一致的。《录异记》卷三专列"忠孝"一条，宣扬忠孝思想。如资州人阴玄之，自幼饱读四书五经，对父母十分孝敬。父亲去世后，阴玄之在墓前搭建一间简易茅棚，住在里面日夜为父守孝。每当他痛哭的时候，经常有溪龙、山虎、鬼神为之助哭。一到晚上，就会莫明其妙地出现两盏灯为他照明，直到天亮才熄灭。本卷还讲了资州人杨太博为父母守孝三年，而感动上帝，从而得到神灵帮助的事迹。除了这些灵异色彩浓厚的故事外，《录异记》卷三还写了黄巢占领长安、僖宗出奔之时，米生、牛丛、卢谦、邓慢儿、刘万余等大臣的忠君故事，这些故事可能是杜光庭耳闻目睹的史实，虽不具有异闻性质，仍有较强的故事性。

《录异记》中还有些趣味性很强的故事。如卷二载，有一个叫王法玄的信道之人，虽生得五官端正，可惜长了一条大舌头，说话吐字不清，经常遭人嘲笑，十分烦恼。一天夜里，王法玄做了个奇怪的梦，梦见太上老君用一把剪刀把他的舌头剪去一圈，醒来后，发现果然口齿伶俐，吐字清晰了。这个小故事，简洁明了，妙趣横生。

《录异记》一百六十二则故事中，文学性最强者当数卷四的《崔生夜遇鬼神》一篇，故事情节大致如下：

崔生自关东进京赶考。他骑着一头毛驴，后面跟着一个仆人，仆人挑着书担。他们星夜赶路，天交五更的时候，来到离潼关十余里的一片荒无人烟的地方。

忽然前面来了一大队人马，挑着灯笼，举着火把，带着兵器，打着大旗，足足有二百来人。崔生主仆吓得躲避在一棵大槐树后面，偷偷观看。等到大队人马走远了，崔生继续赶路。

走了二三里地的样子，那队人马又回来了，崔生又躲闪在一边，然后跟在大部队后面，慢慢前行。

一个老兵负责押运茶叶，走在最后面，崔生走过去与他攀谈起来。原来他们是跟随岳神去迎接天官崔侍御的。这位老兵知道崔生的情况后，建议说："你既然进京赶考，何不拜谒崔侍御，让他给你卜上一卦呢？"崔生忙请他帮忙引见。

到了庙门时，天还没亮。那名老兵让崔生在庙门一侧等着，自己先进去交差。过了好大一会儿，老兵走了出来，对崔生说："侍御有请！"

侍御见到崔生，非常热情，这令崔生十分激动。这时，岳神邀崔侍御入宴。侍御吩咐手下好好款待崔生，便随岳神走了。筵席十分丰盛，妓乐歌舞一应俱全。崔生也受到热情的招待。

酒足饭饱后，崔生一个人出来转悠转悠，忽然看见他表丈人，忙走过去握手话旧。那老汉面容憔悴，衣衫褴褛，一副失魂落魄的样子。

崔生问："您不是已经去世好多年了吗，怎么会来到这里呢？"

那老汉说："我已经离开人世十五年了。近来当了敷水桥神，每天忙于迎来送往，身心疲惫，却穷困潦倒。你与天官侍御熟识，又是同姓，麻烦你请侍御帮忙让我出任南山觜神，这样我就可衣食无忧了，将来还有希望调到天界为官。"

崔生难为情地说："我与侍御刚相识，不知说话是否有用。我试试看吧。"

崔生来到侍御的住处，恰巧侍御刚罢宴回来。崔生请他卜算科考之事。侍御思虑一会儿，说："后年才能考中，今年参不参考也就无所谓了。我还有公事要办，这就要走了。"

崔生慌忙询问表丈人之事。崔侍御说："南山觜神好像是人间的候选官，要有较高的资历才行，这恐怕不好办。不过，我跟岳神说说，也许他能给我一个薄面。"

于是，崔侍御差人把岳神请来商量此事，岳神爽快地答应了，并当即下文，让崔生表丈人立即上任。

那老汉进庙拜谢上任，迎接他的官员仆从足有一二百人，煞是威风。崔生也走过来祝贺。老汉涕泪涟涟，说："不是表侄帮忙，哪有今天！今年五六月渭水泛溢，你村将全被淹没，五百户人家也将全部遇难。我已经下令保护你村，使你们免受此祸，还会送你们五百匹绸缎。"说完，带着随从奔驰而去。

侍御也上路了，岳神出去送行。

庙里只剩下崔生一人，恍如一场大梦初醒。崔生慌忙找仆人，仆人说他一直在店里，什么也没看见。崔生这才明白，刚才是梦中与神仙相遇。于是，按照梦中的神谕，放弃了当年的科考，回到老家。

夏天，果然渭水泛溢，方圆几十里一片汪洋，只有崔生的村庄得以幸免。村庄前停泊一条空船，水退以后，崔生发现船上有五百匹绸缎，于是更加相信梦中所见了。第二年，崔生果然考中了进士。

以上是整个故事的大致内容，亦真亦幻，似梦非梦，故事情节扑朔迷离，人物形象栩栩如生。

《录异记》的文学性，除了表现为故事情节的生动有趣，人物形象的栩栩如生外，还表现为景色描写的细致入神。如对泉北山洞的描写：下有一穴，侧身可入一二尺许，自是广阔。中有路径，平坦与常无异。路之左方，滴乳为石，罗列众形，龙麟鸾鹤，颓云巍山，如林如柱，似动似跃，乍飞乍顾，千形万态，不可殚纪。文中景物描写，细致逼真，给人以身临其境之感，令人神往不已。

《录异记》以其较高的文学性、艺术性引起了后世小说研究者的关注。侯忠义《隋唐五代小说史》称赞说："叙事、写景委婉曲折，描写人物生动形象。以散文笔法写景叙事，使整个作品舒徐流畅；文笔流而不乱，静而不滞，富有较高文学价值。"这种评价是十分恰当的。

然而，《录异记》也因其浓厚的文学性而受到后人的批评。清代的周中孚说："虽皆荒诞之言，然实小说之类，与道家无涉。"他认为，《录异记》的文学色彩掩盖了其道教本质。其实，仔细读来会发现，杜光庭在《录异记》的每一则故事中都倾注了自己浓厚的道教感情。

四、《道教灵验记》

《道教灵验记》原本二十卷，今存十五卷。卷一至卷三记宫观灵验，卷四至卷五记尊像灵验，卷六至卷七记老君灵验，卷八记天师灵验，卷九记真人灵验，卷一○至卷一二记经法符箓灵验，卷一三记钟磬法物灵验，卷一四至卷一五记斋醮拜章灵验。

《道教灵验记》所记录的故事，从魏晋南北朝至唐，跨越几百年的历史，每篇标题中都有一个"验"字。全书依据道教罪福报应的伦理思想，用笔记体记载道教信仰中的各种灵验事迹，劝诫世人为善去恶，有着鲜明的护法宣教和提升道教尊严的目的。同时，这些灵验故事大都情节生动，文辞讲究，具有较强的文学性。

《道教灵验记》通过各种灵验故事宣扬道教的悲悯情怀与超自然的伟大神力，让人相信：只要真心信奉，就能逢凶化吉、遇难成祥。

《罗真人示现验》记载，蜀地遭受千年不遇的大旱，土地干裂，禾苗枯萎，民众心急如焚，相约去李冰祠庙祈雨。烈日当头，祈雨的队伍在路边树下休息。这时，来了一位老奶奶，问他们去干什么。他们以实情相告，老奶奶说："你们求错了神仙。要求雨，必须求罗真人。"说完，便不见了。人们相信这位老奶奶就是罗真人，赶忙焚香祈祷。一会儿，狂风大作，暴雨倾盆，旱情彻底解决，庄稼获得大丰收。人们从此知道，罗真人是掌管风雨水旱的神仙，只要碰到旱涝灾害，就焚香求他保佑，从此以后，蜀地风调雨顺，旱涝保收。

在唐代，道教与佛教既在理论上相互吸收、融合，又经常为了争夺皇帝的恩宠、争取信众、争夺宫观财产等物质利益而针锋相对，有时还相当激烈。杜光庭站在道教立场上，出于打击佛教之目的，在《道教灵验记》中大量描写僧人因偷盗法物、妄改道经等行为而落下可悲下场的故事。如卷一二《僧法成改经验》记载：

僧法成从道观中偷出道经，把经的题目改成佛经，把经中的"天尊"全部改为"佛"，把"真人"全部改为"菩萨""罗汉"，经中的许多句子也被改换。他就这样用涂抹剪贴的方式，把道经改了一百六十多卷。

一天夜里，法成梦见自己被审判。判官说："道教经典都是圣人之言，你竟敢妄加涂改，罪该万死！先痛打一百杖，责令把涂改的经卷全部改正过来，送回道观，再过来等候另行发落！"于是，法成被拖到门外，打了一百杖，遍体鳞伤，躺在地上起不来。这天夜里，法成大喊大叫，真像是被殴打一样，第二天僧友发现，法成耳鼻流血而死。

杜光庭还在《道教灵验记》中编造大量故事，嘲笑佛教法术不如道教灵验。如卷九《明州象山县门陶真人画像验》记载，明州象山县有座蓬莱观，梁朝时陶贞白真人在此炼丹修行，观的东壁上有一幅陶真人的自画像。邑中之人经常来像前祈求，几乎每求必应。

蓬莱观的旁边住着一个商人，这个商人对陶真人非常崇敬，每天早晨起来的第一件事就是到观中礼拜真人像。

一天，这个商人做完生意乘船回家，在大海上遇上了台风。船剧烈摇荡起来，同船的六七十人慌忙念经，求佛祖保佑。越念台风越猛，眼看船就要倾覆。

就在这千钧一发之际，商人在心中祈求陶真人保佑。突然，半空闪现一道黄色光芒，一位道士乘云而下，降在船上。道士把手中的拂尘一挥，大声说："陶真人在此，不要害怕!"顿时，风平浪静，众人再看时，真人已经不见了。

船一靠岸，众人相约去蓬莱观朝拜，发现墙壁上的陶真人像与刚才见到的道士一模一样，这才知道道教比佛教法术更加灵验，于是共同出资修缮道教观宇，从此更加崇信道教。

《道教灵验记》是部护教之作，多数灵验故事都是宣扬"善有善报，恶有恶报"思想的，即崇奉道经、修缮道观就能得到善报，反之侵侮道经、焚毁道观像必得恶报。在这一主旨之下，杜光庭尽量用文学笔法来叙述，使故事情节生动逼真，语句自然流畅。

除了《墉城集仙录》《神仙感遇传》《录异记》《道教灵验记》外，杜光庭的道教小说集还有《仙传拾遗》《王氏神仙传》等，《历代崇道记》《洞天福地岳渎名山记》《天坛王屋山胜迹记》《毛仙翁传》中也有一些小说。《王氏神仙传》已经佚失。最后简单介绍一下《仙传拾遗》。

据学者研究，《仙传拾遗》原本有四百二十九篇神仙传记，现仅存一百二十八篇，已经不足三分之一。"拾遗"是补缺的意思。从题目来看，《仙传拾遗》是对于前代神仙故事的补编，其材料来源主要有三方面：一是唐五代以前各类典籍中的神仙故事；二是唐代新出现的口头神仙传说；三是中晚唐志怪传奇小说。杜光庭把从以上几方面搜集到的材料加以整理、改编，把口头传说加以书面化。

由于是"拾遗"，《仙传拾遗》中的很多传主都是道教史上默默无闻之人，如唐公防、务成子等，在仙道传记中根本找不到他们的名字。《仙传拾遗》还收录了一些重要历史人物的传记，如燕昭王、张子房、刘向等，这些人物已经进入了当时的神仙谱系之中。

第 8 章

杜光庭的诗文艺术成就

杜光庭在诗文创作方面造诣很高。后蜀何光远在《鉴戒录·高尚士》中称赞他说:"学海千寻,词林万叶,凡所著述,与乐天齐肩。"司马光《资治通鉴》也称赞说:"博学善属文。"本章重点介绍杜光庭在诗文方面的成就。

一、诗歌创作

杜光庭擅长写诗,是当时蜀地较有名气的诗人。《重修灌县志·杜光庭传》说:"光庭素能诗,唐末蜀之诗人有其名焉。"他一生创作了大量诗歌,但大部分已经散佚。《全唐诗》卷八五四编其诗一卷,近三十首,外加若干散句,但编者说:其中十一首也有人认为可能是郑遨所作。笔者认为,被怀疑为郑遨所作的那十一首诗并不与杜光庭思想相抵触,因此,在没有足够证据的情况下,笔者仍把它们归于杜光庭名下。

杜光庭的诗歌创作取材范围相当广泛,主题也十分丰富。我们可以依据题材与主题,把杜光庭的诗歌分为慕道诗、教理诗、世俗诗等几类。

慕道诗

这类诗占杜光庭诗作的大多数。在这类诗中，杜光庭描写了道观及历代真人修炼场所周围的美丽风光，表达了对道教的热爱之情。除前文提到的《题福唐观》二首、《题空明洞》《题北平沼》外，还如：

题仙居观

往岁真人朝玉皇，四真三代住繁阳。

初开九鼎丹华熟，继蹑五云天路长。

烟锁翠岚迷旧隐，池凝寒镜贮秋光。

时从白鹿岩前往，应许潜通不死乡。

题鸿都观

亡吴霸越已功全，深隐云林始学仙。

鸾鹤自飘三蜀驾，波涛犹忆五湖船。

双溪夜月明寒玉，众岭秋空敛翠烟。

也有扁舟归去兴，故乡东望思悠然。

题都庆观

三仙一一驾红鸾，仙去云闲绕古坛。

炼药旧台空处所，挂衣乔木两摧残。

清风岭接猿声近，白石溪涵水影寒。

二十四峰皆古隐，振缨长往亦何难。

题本竹观

楼阁层层冠此山，雕轩朱槛一跻攀。

碑刊古篆龙蛇动，洞接诸天日月闲。

帝子影堂香漠漠，真人丹涧水潺潺。

扫空双竹今何在，只恐投波去不还。

题鹤鸣山

五气云龙下泰清，三天真客已功成。

人间回首山川小，天上凌云剑佩轻。

花拥石坛何寂寞，草平辙迹自分明。

鹿裘高士如相遇，不待岩前鹤有声。

题平盖沼

势压长江空八阵，吴都仙客此修真。

寒江向晚波涛急，深洞无风草木春。

江上玉人应可见，洞中仙鹿已来驯。

龙车凤辇非难遇，只要尘心早出尘。

题莫公台

奇绝巍台峙浊流，古来人号小瀛洲。

路通霄汉云迷晚，洞隐鱼龙月浸秋。

举首摘星河有浪，自天图画笔无钩。

将军悟却希夷诀，赢得清名万古流。

在以上这些诗中，杜光庭描写了道观及其周围美丽而奇险的自然风光，以及道观中仙人留下的遗迹，表达了对道教的衷心热爱之情，并坚信只要诚心修炼，一定能得道成仙。

教理诗

与慕道诗通过情景交融的意象来表达作者对道教的向往、热爱之情不同，教理诗不是以意象作为表达的手段，而是用一些概念、术语来直接阐释道教义理，属于以议论为主的哲理诗。杜光庭的两首形式独特的"宝塔诗"就属于此类：

纪道德

道，德。

清虚，玄默。

生帝先，为圣则。

听之不闻，抟之不得。

至德本无为，人中多自惑。

在洗心而息虑，亦知白而守黑。

百姓日用而不知，上士勤行而必克。

既鼓铸于乾坤品物，信充仞乎东西南北。

三皇高拱兮任以自然，五帝垂衣兮修之不忒。

以心体之者为四海之主，以身弯之者为万夫之特。

有皓齿青娥者为伐命之斧，蕴奇谋广智者为盗国之贼。

曾未若轩后顺风兮清静自化，曾未若皋陶迈种兮温恭允塞。

故可以越圆清方浊兮不始不终，何止乎居九流五常兮理家理国。

岂不闻乎天地于道德也无以清宁，岂不闻乎道德于天地也有逾绳墨。

语不云乎仲尼有言朝闻道夕死可矣，所以垂万古历百王不敢离之于顷刻。

怀古今

古，今。

感事，伤心。

惊得丧，叹浮沉。

风驱寒暑，川注光阴。

始炫朱颜丽，俄悲白发侵。

嗟四豪之不返，痛七贵以难寻。

夸父兴怀于落照，田文起怨于鸣琴。

雁足凄凉兮传恨绪，凤台寂寞兮有遗音。

朔漠幽囚兮天长地久，潇湘隔别兮水阔烟深。

谁能绝圣韬贤餐芝饵术，谁能含光遁世炼石烧金。

君不见屈大夫纫兰而发谏，君不见贾太傅忌鵩而愁吟。

君不见四皓避秦峨峨恋商岭，君不见二疏辞汉飘飘归故林。

胡为乎冒进贪名践危途与倾辙，胡为乎怙权恃宠顾华饰与雕簪。

吾所以思抗迹忘机用虚无为师范，吾所以思去奢灭欲保道德为规箴。

《纪道德》以直白的语言解释《道德经》的思想，《怀古今》通过吊古伤今来弘道宣教，两首诗虽然缺乏一般诗歌的韵味，但也基本符合诗的格律。

这两首诗的独特之处在于其形式。每句字数不等，后一句都比前一句多出两个字，把这些句子排列在一起，正好形成一个宝塔形状，这种奇特的造型，可谓前无古人后鲜来者。杜光庭以其高超的文学艺术素养，创作出这种新鲜样式的诗歌，以此吸引人的注意，从而达到弘道宣教，争取信众之目的。

除这两首外，杜光庭还有一些宣扬教理的诗句，如："丹灶河车休矻矻，蚌胎龟息且绵绵。驭景必能趋日域，骑箕终拟蹑星躔。返璞还淳皆至理，遗形忘性尽真铨。"这几句其实是建议修道者，把修炼的重点由外丹转向内丹。

世俗诗

杜光庭还写了不少世俗诗，有的揭露社会的黑暗与不平，有的抒发治国安邦的雄心壮志，有的表达壮志难酬的苦闷与彷徨。这类诗歌的道教气息不浓，与一般的文人诗几乎没有什么差别。这类诗歌又可以分为几种类型。

寄赠诗。如：

赠将军

八表顺风惊雨露，四溟随剑息波涛。

手扶北极鸿图永，云卷长天圣日高。

未会汉家青史上，韩彭何处有功劳。

赠蜀州刺史

再扶日月归行殿，却领山河镇梦刀。

从此雄名压寰海，八溟争敢起波涛。

赠人

静神凝思仰青冥，此夕长天降瑞星。

海上昨闻鹏羽翼，人间初见鹤仪形。

《赠将军》是一首七律，首联缺失。在这首诗中，杜光庭以浓墨重彩描绘了将军的凛凛威风，歌颂了他平定天下的丰功伟绩。《赠蜀州刺史》寄赠一位护驾回宫的蜀州刺史，赞扬他安定蜀地，慑服四方的功勋。《赠人》描绘的是一位正在作法的道士，赞扬他道术的高妙。

讽喻诗。 虽身为道士，杜光庭一生却以经世济民为己任，时刻关注着国家的安定、民生的疾苦，因此他的诗歌中也不乏批判社会现实、揭露社会黑暗之作。如：

景福中作

闷见戈铤匝四溟，恨无奇策救生灵。

如何饮酒得长醉，直到太平时节醒。

富贵曲

美人梳洗时，满头间珠翠。

岂知两片云，戴却数乡税。

咏西施

素面已云妖，更着花钿饰。

脸横一寸波，浸破吴王国。

第一首，强烈批判了藩镇割据、军阀混战的社会现实，表达了期盼天下太平、人民幸福的美好愿望，以及愿望不能实现的苦闷心情。第二首，揭露豪门贵族穷奢极欲的生活，批判不合理的社会制度，表达了对劳动人民的同情。第三首，表面是表现"红颜祸水"主题，其实内含着对统治者荒淫误国的批判与嘲讽。

感伤诗。

感时伤事是杜光庭诗歌的又一十分重要的主题。除了上文提到的《伤时》《偶题》《思山咏》外，还有：

初月

始看东上又西浮，圆缺何曾得自由。

照物不能长似镜，当天多是曲如钩。

定无列宿敢争耀，好伴晴河相映流。

直使奔波急于箭，只应白尽世间头。

招友人游春

难把长绳系日乌，芳时偷取醉功夫。

任堆金璧磨星斗，买得花枝不老无。

这类感伤诗，有光阴易失、岁月难留的人生感慨；有功业未就、壮志难酬的苦闷与彷徨；有不满现实、远离世俗的出尘之遐想。

二、斋醮词

道教在其斋醮仪式中大量使用赞颂词章，这些赞颂词章可以统称为斋醮词。

在早期的道教仪式中，斋仪与醮仪是不同的，因此就有了"斋词"和"醮词"的区分。在杜光庭的《广成集》中，一般是斋词在前，醮词在后，但二者在文辞风格与文体上并没有实质性的区别，因此后人也常把它们统称为"斋醮词"。杜光庭的斋醮词主要可分为两大类，一类是青词，一类是步虚词。

青词

青词是道教举行斋醮时上奏天庭或征召神将时的奏章祝文。一般用朱笔书写在青藤纸上，所以称为青词。青词的内容一般包括两大部分：一是说明因何事奏请何路神仙光临，并对神灵发誓，剖白诚心；二是斋主对神灵的祈求、忏悔、言功与感恩等。

青词在形式上一般为骈文，由四六文句构成，对仗工整，文辞华丽。青词的格式类似于章奏文书，首叙祝祷者姓名和道阶官位，次述所求神祇的尊号与事由，最后缀以"以闻""谨词"之类的表示谦卑的文辞。

《全唐文》收录杜光庭的青词二百多篇，比道藏本《广成集》多出几篇。另外，杜光庭的《太上宣词助化章》中也有一些青词，但与《广成集》中的有所不同，《广成集》中的青词大都是杜光庭代斋主所作，而《太上宣词助化章》中的青词则大都表达杜光庭本人的祈求，因此两者可以相互补充。

杜光庭青词的主要特点如下：

第一，宗教性。青词创作的最终目标在于消灾祈福、荐拔亡灵，宗教功能是其首要任务。杜光庭的青词也不例外。在杜光庭醮岳渎名山的青词中，诸多名山大川都是神灵的栖居之所，非凡人所能到达，弥漫着浓浓的神秘气息。如《司徒青城山醮词》："结灵瑞积，含藏日月之华；叠翠推岚，包括神仙之宅"；"洞里之玉楼金阙，尘俗难窥；人间之古殿荒台，踪迹易度"。这种对风景名胜的描写方式是与一般山水游记迥然不同的。

第二，现实性。宗教性是杜光庭青词最本质的特征，但由于宗教是现实的曲折反映，因此杜光庭的青词也不乏现实性。

杜光庭在青词中描述社会的动荡，民生的疾苦："中原多难，天步方艰；社稷缀旒，寰瀛涂炭。"这正是当时社会的真实状况，正是由于这苦难的社会现实，人们才把安定幸福的希望寄托于宗教，通过斋醮来祈求神灵的保佑。

第三，文学性。杜光庭之前的青词创作，只强调宗教功能，不重视文学色彩，因此一般质朴简短，缺少文学性。杜光庭的青词，不但篇幅增长，内容丰富，而且情真意切，辞彩华茂，有很强的艺术性。如："风来翠碧，重飘远近之音；月过华坛，复睹扶疏之影"；"群山晓碧，天高而屏翳收云；六合风清，日朗而羲和弄辔"。这是标准的骈文格式，单从这几句，很难看出是出自一名道士之手，简直可以与王勃《滕王阁序》"落霞与孤鹜齐飞，秋水共长天一色"相媲美。

杜光庭青词的价值主要表现在两方面：

一是宗教价值。杜光庭的青词真实地记录了当时道教斋醮活动的方方面面，内容十分丰富，不但为宋代以后道教斋醮词的创作提供了光辉典范，而且能帮助我们了解中国古代道教斋醮科仪的真实状况。

二是文学价值。道教青词创作从杜光庭开始，才真正具有了文学色彩，才称得上名副其实的宗教文学。宋代以后，道士青词创作十分盛行，这些青词大都讲究对仗的工整，辞彩的赡丽，这在很大程度上要归功于杜光庭的影响。不但如此，宋代以后的很多著名文人也进行青词创作，如宋代苏轼、欧阳修、王安石、陆游等大文豪都有青词传世。这也与杜光庭的影响分不开。

步虚词

步虚词是诔神之辞，就其表现形式而言，是道士在斋醮仪式上围着香炉或烛灯作步虚旋绕时所诵唱的诗词乐章。诵唱时，一般有音乐伴奏，边唱边舞，旋律舒缓悠扬，平稳优美，宛如众仙缥缈轻举步行于虚空，具有浓郁的神仙色彩，所以步虚词又称为步虚声。

关于步虚词的起源，据南朝刘敬叔《异苑》说：一日，陈思王曹植游山，忽然听到空中有诵道经之声，清远遒亮，宛若天籁，于是命解音者记下音谱，又命道士仿效这神仙声而作步虚声。这只是关于步虚词的传说，实际上步虚词起源于道教的斋醮仪式，是道教情感极浓的诗。据可靠文献记载，早在南北朝时期，寇谦之、陆修静就开始创作步虚词了。现存陆修静《太上洞玄灵宝授度仪》中有许多步虚词。北周文学家庾信也撰写了一些步虚词，现存十多首。

唐代吴竞《乐府古题要解》说："步虚词，道家曲也，备言众仙缥缈轻举之美。"这句话指出，步虚词属于道教乐曲，其特点是舒缓悠扬，平稳优美。就文学体裁而言，步虚词属乐府诗，或五言、七言，或八句、十句、二十二句不等，演唱时依八卦九宫方位，绕香案"安徐雅步，调声正气"，循序而歌，以此象征天上神仙绕"玄都玉京山"斋会的情景。

杜光庭《太上黄箓斋仪》是道教斋醮科仪的集大成之作，该书记载了大量斋醮仪式，其中黄箓斋仪是最通行的一种。黄箓斋仪的程序极其复杂，其中有一个程序叫"步虚旋绕"，步虚词就出现在这一程序中。《太上黄箓斋仪》收录杜光庭编撰的二十多首斋醮词，由此可以看出他在这方面的成就。

杜光庭的步虚词内容十分丰富，大致可以归纳为以下几类：

第一，描绘斋醮场面。如：

稽首礼太上，烧香归虚无。流明随我回，法轮亦

三周。玄愿四大兴,灵庆及王侯。七祖生天堂,煌煌
耀景敷。啸歌冠太漠,天乐适我娱。齐馨无上德,下
仙不与俦。妙想明玄觉,诜诜乘虚游。

前四句描写斋醮情景:点香,叩头,秉烛,祈祷。五至八
句,祈求神灵赐福,保佑七世先祖都能脱离地狱升入天堂,永
远沐浴在光明之中。九、十两句,写步虚道曲的曼妙、优美,
令人心旷神怡。最后四句,勉励修道者诚心修道,只有明白真
道,才能畅游天宫,沐浴至德。

又如:

旋行蹑云纲,乘虚步玄纪。吟咏帝一尊,百关自
调理。俯命八海童,仰携高仙子。诸天散香花,萧然
灵风起。宿愿定命根,故致标高拟。欢乐太上前,万
劫犹未始。

前四句描绘斋醮行道的过程:步虚旋绕,步罡踏斗,召请
神灵。中间四句描写行道的灵验:灵风吹拂,香花满天,神灵
降临。后四句写行道效果:在神仙的护佑下,得以脱离劫难,
永享欢乐。

再如:

宝篆修真范,丹诚奏上苍。冰渊临兆庶,宵旰致
平康。万物消疵疠,三晨效吉祥。步虚声已彻,更咏
洞玄章。

前两句提出斋醮的具体要求:一要符合规范;二要诚心诚
意。中间四句交代修斋设醮的目的:为国为民消灾解难。最后
两句指出,步虚声演唱完毕后,还要高声诵念洞玄经。

第二,描绘斋醮时的内心体验。如:

旋步云纲上,天风飒尔吹。飘裾凌斗柄,秉拂揖
参旗。狮子衔丹绶,麒麟导翠辎。飞行周八极,几见

141

发春枝。

这首步虚词形象地再现了行道者步虚旋绕，步罡踏斗时的内心体验。漫步在白云之上，天风吹拂，衣袖飘舞，众星斗擦身而过，触手可及。狮子口衔红色丝带在天庭嬉戏，麒麟拉着五彩香车在云端信步。在天飞行一周，人间不知已经度过了多少寒暑。

又如：

> 控辔适十方，旋憩玄景阿。仰观劫刃台，俯盼紫
> 云萝。逍遥太上京，相与坐莲华。积学为真人，恬然
> 荣卫和。永享无期寿，万椿奚足多。

随着斋醮仪式的进行，行道者渐渐进入梦幻状态。感觉自己驾着天马行驶在虚空之中，在天宫尽情遨游。仰望万刃天台耸立，俯瞰袅袅紫云飘荡，心中充满无限喜悦与感激。与老君并肩同坐莲花台，牵手畅游逍遥宫。多年的潜心修行，今日终成正果，从此便可幸福康宁，万寿无疆。

再如：

> 严我九龙驾，乘虚以逍遥。八天如指掌，六合何
> 足辽。众真诵洞玄，太上唱清谣。香华随风散，玉音
> 成紫霄。五苦一时逝，八难顺经寥。妙哉灵宝圈，兴
> 此大法桥。

> 濛濛如细雾，冉冉曳铢衣。妙逐祥烟上，轻随彩
> 凤飞。几陪瑶室宴，忽指洞天归。仁立扶桑岸，高奔
> 日帝晖。

前一首描写畅游天宫的情景。乘着九条龙拉的富丽堂皇的宝车，在天宫逍遥畅游。八方如在指掌，六合犹如弹丸。紫霄天宫，列位神仙齐诵洞玄经，齐唱步虚声，玉音袅袅，香花飘飘。五苦八难烟消云散，身心获得大自在，禁不住赞叹：真奇

妙啊，灵宝真经！

后一首描写斋醮行道时飘飘欲仙的感觉。身处蒙蒙云雾之中，羽衣飘举，逐烟而上。赴瑶池玉宴，赏洞天美景。伫立扶桑之岸，永沐太阳之光辉。

第三，表达国泰民安的美好祝愿。如：

> 华夏吟哦远，人声自抑扬。冲虚归道德，曲折合宫商。殿阁沉檀散，楼台月露凉。至诚何以祝，多稼永丰穰。

> 宛宛神州地，巍巍众妙坛。鹤袍来羽客，凫舄下仙官。玉罂斟元醴，琅函启大丹。至诚何以祝，四海永澄澜。

> 水噀魔宫慑，灯开夜府明。九天风静默，四极气澄清。啸咏朱陵府，翱翔白玉京。至诚何以祝，国祚永安荣。

以上三首步虚词，都在最后点明斋醮的目的："至诚何以祝，多稼永丰穰""至诚何以祝，四海永澄澜""至诚何以祝，国祚永安荣"。祝愿风调雨顺、五谷丰登、国泰民安、天下太平。

杜光庭的步虚词，不但有丰富的内容，而且有很高的艺术性。这首先表现为其瑰丽的想象。来看他对天宫的描写："骞树圆景园，焕烂七宝林。天兽三百名，狮子巨万寻。飞龙蹦躅吟，神凤应节鸣。灵风扇奇华，清香散人襟"；"嵯峨玄都山，十方宗皇一。岩岩天宝台，光明焰流日。炜烨玉林华，蒨璨耀朱实"；"天尊盼云舆，飘飘乘虚翔。香花若飞雪，氛霭茂玄梁"。天宫仙境，如诗如画，令人神往。

杜光庭的步虚词以五言为主，虽然在内容上纯为道教斋醮活动的描写，有的甚至还用了不少道教术语，但有不少在形式上完全符合五律的要求。如：

> 绿冀巍丹愦，青霞络羽衣。晨趋阳德馆，夜造月
> 华扉。抟弄周天火，韬潜起陆机。玉房留不住，却向
> 九霄飞。

> 太极分高厚，轻清上属天。人能修至道，身乃作
> 真仙。行溢三千数，时丁四万年。丹台开宝笈，金口
> 为流传。

前一首描写道教内丹的修炼情景，后一首描写道教神仙境界，虽然用了不少诸如"天火""太极""至道"之类的道教术语，但整体来看对仗工整，用韵统一，平仄合律，声调和谐，属于标准的五言律诗。

三、书法成就

杜光庭不但在文学上取得了辉煌的成就，而且在书法、音乐等艺术方面也有很深的造诣。由于他留下来的书法、音乐作品太少，我们在这里只能作一简要的介绍。

杜光庭在书法方面有很深的造诣，原因是多方面的，其中道教信仰的影响是一个十分重要的因素。

魏晋以来，道教与书法结下了不解之缘。一方面道经要靠书法抄写才能得以流传，另一方面道教的仙风道骨也为书法注入了自然、超脱的烟霞之味。

纵观中国书法史，不少著名的书法家本身就是道教信徒，他们的书法作品深受道教的影响。如东晋最著名的书法家王羲之、王献之都是道教的信奉者，钟繇后裔唐代著名书法家钟绍京也与道教有难解之缘，他的小楷《灵飞经》是后世书法爱好

者临摹的范本。不少道士在书法艺术方面也有很深的造诣，如司马承祯就是出色的书法家。《宣和书谱》《书史会要》等书法典籍中有一些关于道士的书法记载，一些道经的抄本，如《阴符经》《黄庭经》都成了后世著名的书贴。

杜光庭在书法艺术上所取得的成就，除了受道教的影响外，还与他长期生活的环境有关。他的后半生是在蜀地渡过的，当时的蜀地聚集了很多出色的书画家。《野人闲话》说："巴蜀三纪以来，艺能之士，精于书画者众矣。"与杜光庭经常来往的书法家有，道士张素卿、高僧贯休、贯休的弟子昙域、吏部侍郎韦庄等。

贯休的书法在蜀地僧人当中可以说是首屈一指的。《北梦琐言》说他"风骚之外，精于笔札"，《宣和书谱》说他"作字尤奇崛，至草书益胜"。贯休工篆、隶、草书，尤以草书为胜，时人把他比之于怀素，把他的书法称为"姜体"，因为他俗姓姜。贯休本人在书法方面也很自负。荆州成中令曾向他请教书法方面的问题，他说："此事须登坛而授，非草草而言。"把成中令搞得下不了台。

昙域与贯休一起住在龙华禅院，王建赐号惠光。昙域书法学李阳冰，精于篆文，笔力雄健。当时著名的诗僧齐己，曾写《谢西川昙域大师玉箸篆书》诗赞扬昙域的书法说：玉箸真文久不兴，李斯传到李阳冰。正愁千载无来者，果见僧中有个僧。

杜光庭经常与以上这些大名鼎鼎的书法家在一起切磋书法技艺，在此方面取得高深造诣是必然的。

以上从两方面介绍了杜光庭书法成就取得的原因，当然原因远远不止这两条，其他诸如先天的禀赋、后天的努力等也都是必不可少的因素。下面来看一些文献资料对杜光庭书法成就的记载与评价。

《宣和书谱》卷五记载：光庭初意，喜读经史，工辞章翰墨之学。尝撰《混元图纪圣赋》《广圣义》《历帝纪》暨歌诗杂文仅百余卷。喜自录所为诗文，而字皆楷书，人争相得之，故其书因诗文而有传，要是，得烟霞气味，虽不可拟论羲、献，而迈往绝人，亦非世俗所能得到也。

这段话包含以下信息：

第一，杜光庭喜欢自录诗文，所以他的书法借助其诗文而得以流传。

第二，杜光庭最擅长的是楷书，他的楷书作品充满浓厚的烟霞气味，具有一种夐绝尘寰的清幽之美。这种美，正是道教空灵静谧之神韵的表现。

第三，杜光庭的手迹在宋代很抢手，人们争相收藏。杜氏书法，虽然赶不上王羲之、王献之父子，但其超迈绝伦的风格深受宋人的喜爱，所以时人不惜高价收购，一般收藏之家是不易得到的。

《宣和书谱》成书于北宋徽宗（赵佶）宣和年间（1119~1125），该书记载了当时内府收藏的一百九十七位历代著名书法家的一千三百四十四件书法作品，其中就有杜光庭的作品，由此可见杜光庭在当时书坛上的地位。遗憾的是，宋代以后，杜光庭的书法就绝迹了，我们现在已经无法看到他的真迹。

杜光庭不仅在书法艺术上造诣极深，而且在书法理论方面也颇有成就。《全唐文》卷九二四收录了杜光庭的《隶书解》一文。在这篇文章中，杜光庭论证了隶书的起源问题。在他之前，人们一般认为隶书兴起于秦朝，杜光庭依据确凿的证据和严密的论证，得出结论：隶书不是兴于秦，而是兴于周。这一结论是符合中国书法发展实际的，是杜光庭对中国书法史所作出的一大贡献。

四、音乐成就

音乐是道教斋醮科仪中的一项十分重要的内容。道教徒相信，在祈福求愿的斋醮仪式中，音乐具有感动神灵的巨大作用。据《魏书·释老志》记载，天师张道陵在蜀中传教时就已经在斋醮仪式上演奏道曲，烘托气氛了，杜光庭在《蜀王青城山祈雨醮词》中也提到这事，可见道教音乐兴起是很早的。

道教音乐包括步虚、偈、赞、颂、诰等韵曲，独唱、合唱、吟唱、道白等声乐，以及器乐、打击乐等多种音乐形式。

唐代，随着道教的兴盛与地位的提高，道教音乐更被重视。唐玄宗诏令道士、大臣广制道曲，甚至亲自表演步虚音韵。受这种氛围的影响，杜光庭大量整理、编制、创作道教音乐，取得了不凡的成就。

上文说过，杜光庭是道教斋醮科仪的集大成者，他一生编著的道教科仪著作有二十多种，与此相联系，他在斋醮音乐的整理与创作方面也作出了巨大贡献。

杜光庭所编著的斋醮科仪著作，以《道门科范大全集》和《太上黄箓斋仪》最具代表性，这两部书保存了大量杜光庭创作或改编的道教斋醮音乐。

而在音乐理论方面，杜光庭非常强调音乐的教化功能，他说：

清浊、小大、短长、疾徐、哀乐、刚柔、迟速、高下、出入、周疏，以相成也，以相济也。君子听之，以平其心；心平德和，而后几于道矣。舜作五弦

之琴以歌南风，夔始制乐以赐诸侯，理国之道以音而
知理乱，故吴公子季札历听三代古今之乐，而知其兴
废也。

这段话意思是说，音乐通过声之高下、音之长短、调之强
弱的变化，形成一定的节奏与旋律，从而感化人心，使人心平
气和，与"道"合一，最终达到治国安邦、天下太平的崇高
理想。

杜光庭所作的步虚词在本质上就是歌词，都是要配上音乐
演唱的。唐代吴兢在《乐府古题要解》中说："步虚词，道家
曲也，备言众仙缥缈轻举之美。"所以，杜光庭所作的步虚词
也可以列入他的音乐成就之中。

附　录

年　谱

850 年（唐大中四年）　杜光庭出生于处州缙云。

860~869 年（咸通元年至十年）　入学上庠，于国子监博览群书。

870 年（咸通十一年）　参加"九经举""万言科"，皆不中。拜访长安道士潘尊师。

871 年（咸通十二年）　于天台山入道，师事应夷节，成为上清派第十二代宗师司马承祯的五传弟子。在天台山阅读、整理道经。

873 年（咸通十四年）　刘处静病逝。在道元院潜心阅读道经。

875 年（乾符二年）　由兵部侍郎郑畋举荐入京，僖宗赐"紫服象简"，任"麟德殿文章应制"，成为名重一时的"道门领袖"。

876~879 年（乾符三年至六年）　于长安整理道经，开始编撰《太上黄箓斋仪》。期间，赴成都考察青羊肆。获"弘法大师"称号，被时人誉为"学海千寻，辞林万叶，扶宗立教，海内一人"。

880 年（广明元年）　十一月，黄巢率起义军攻入长安；十二月，僖宗在宦官田令孜护持下逃往凤翔，光庭随驾入蜀。

881 年（中和元年）　年初，随僖宗到达兴元（今陕西汉中），七月，抵成都。僖宗改年号为中和。七月十五日，奉诏于青城山修醮；八月，在常道观设"灵宝真文道场"，修周天大醮。

883 年（中和三年）　于蜀地整理道经，清整斋醮科仪。僖宗下令改青羊肆为青宫，乐朋龟奉敕撰《西川青羊宫碑记》。

884 年（中和四年）　十二月十五日，向壁州刺史王建进呈《历代崇道记》。

885 年（光启元年）　年初，黄巢起义平定；三月，光庭随驾回到长安。

149

在京城附近搜求道经。

886 年（光启二年）　　再随僖宗到兴元。不久，离开兴元去成都。

887 年（光启三年）　　回到成都，受到蜀地统帅陈敬瑄的欢迎。

888 年（文德元年）　　四月，僖宗驾崩。光庭在蜀地弘道。

889 年（龙纪元年）　　唐昭宗李晔即位。光庭继续在蜀地弘道。

891 年（大顺二年）　　王建占据成都。杜光庭继续编撰《太上黄箓斋仪》。

895 年（乾宁二年）　　杜光庭与当地道教信仰者经过十年的努力，终于完
成了青城山丈人、常道、威仪、洞天诸观的修复工作。杜光庭写《修
青城山诸观功德记》一文，为这几年的修缮活动作总结。

901 年（天复元年）　　编纂完成《太上黄箓斋仪》五十八卷；撰成《洞天
福地岳渎名山记》一卷，《道德真经广圣义》三十卷。

903 年（天复三年）　　唐王朝封王建为"蜀王"。

907 年（天祐四年）　　四月，朱温废掉唐哀帝，自行称帝，国号为"梁"，
史称"后梁"。唐王朝灭亡。九月，王建称帝，以成都为都城，建立蜀
国，史称"前蜀"。

908 年（前蜀武成元年）　张格任蜀国宰相。大小之事常咨询杜光庭。

910 年（武成三年）　　被王建任命为太子元膺的老师，又推荐儒者许寂、
徐简夫共同辅佐太子。

913 年（永平三年）　　被王建封为"金紫光禄大夫""左谏议大夫""上
柱国蔡国公"，赐号"广成先生"，并恩准可以单独起居朝贺，不必与
众僧道为伍，杜光庭进呈《谢恩奉宣每遇朝贺不随二教独入引对表》
以表示感谢。

916 年（通正元年）　　被王建封为户部侍郎。

918 年（光天元年）　　王建死，宗衍继位，光庭上表祝贺，并为王建请求
谥号及庙号。

921 年（乾德三年）　　王衍敕命在青城山上建造上清宫，在大殿上塑王子
晋像，尊之为"圣祖至道玉宸皇帝"，又塑王建与自己的像，立侍于左
右。王衍亲受道箓。杜光庭被封为"传真天师"兼"崇真馆大学士"。
不久辞官，隐居于青城山白云溪。

925年（咸康元年） 九月，王衍奉太后、太妃到青城山醮祭祈福，令宫人穿云霞之衣，唱《甘州曲》，"其辞哀怨，闻者凄惨"。不久，前蜀被后唐灭掉。

933年（后唐长兴四年） 十一月，于青城山跌坐而化，葬于清都观后。

主要著作

1.《道德真经广圣义》五十卷，《道藏》第 14 册。

2.《太上老君说常清静经注》一卷，《道藏》第 17 册。

3.《太上洞渊神咒经》二十卷，《道藏》第 6 册。

4.《广成集》十七卷，《道藏》第 11 册。

5.《道教灵验记》十五卷，《道藏》第 10 册。

6.《历代崇道记》一卷，《道藏》第 11 册。

7.《墉城集仙录》六卷，《道藏》第 18 册。

8.《神仙感遇传》五卷，《道藏》第 10 册。

9.《录异记》八卷，《道藏》第 10 册。

10.《洞天福地岳渎名山记》一卷，《道藏》第 11 册。

11.《道门科范大全集》八十七卷，《道藏》第 31 册。

12.《太上黄箓斋仪》五十八卷，《道藏》第 9 册。

13.《太上三五正一盟威阅箓醮仪》一卷，《道藏》第 18 册。

14.《太上三洞传授道德经紫虚箓拜表仪》一卷，《道藏》第 18 册。

15.《洞神三皇七十二君斋方忏仪》一卷，《道藏》第 18 册。

16.《太上洞渊三昧神咒斋清旦行道仪》一卷，《道藏》第 9 册。

17.《太上正一阅箓仪》一卷，《道藏》第 18 册。

18.《金箓斋忏方仪》一卷，《道藏》第 9 册。

19.《金箓斋启坛仪》一卷，《道藏》第 9 册。

20.《太上洞渊三昧神咒斋忏谢仪》一卷，《道藏》第 9 册。

21.《太上洞渊三昧神咒斋十方忏仪》一卷，《道藏》第 9 册。

22.《太上洞神太元河图三元仰谢仪》一卷，《道藏》第 18 册。

23.《太上洞玄灵宝素灵真符》三卷,《道藏》第6册。

参考书目

1. 卿希泰主编:《中国道教史》,四川人民出版社,1996年。

2. 孙亦平:《杜光庭评传》,南京大学出版社,2005年。

3. 傅飞岚:《道教视野中的社会史:杜光庭(850~933)论晚唐和五代社会》,香港中文大学崇基学院宗教与中国社会研究中心出版社,2001年。

4. 蔡堂根:《道门领袖——杜光庭传》,浙江人民出版社,2006年。

5. 罗争鸣:《杜光庭道教小说研究》,巴蜀书社,2005年。